Erno Wiebeck · Indische Boote und Schiffe

Erno Wiebeck

Indische Boote und Schiffe

Mit Rissen und Zeichnungen von Dittmar Kirsten
Mitarbeit Helga Rudloff.

VEB Hinstorff Verlag Rostock 1987

Wiebeck, Erno:
Indische Schiffe und Boote/
Erno Wiebeck. – 1. Aufl. – Rostock:
Hinstorff Verl., 1987. – 160 S.:
143 Ill., graph. Darst. – (Blaue Reihe)

ISBN 3-356-00084-5
© VEB Hinstorff Verlag Rostock 1987
1. Auflage 1987. Lizenz-Nr. 391/240/30/87
Printed in the German Democratic Republic
Ausstattung: Heinz Holzgräbe
Herstellung: Offizin Andersen Nexö,
Graphischer Großbetrieb, Leipzig III/18/38
Bestell-Nr. 522 854 3

02600

Inhaltsverzeichnis

Anstelle eines Vorwortes 7

Ein Blick in die Vergangenheit 9
  Zeugnisse aus der Harappa-Kultur 9
  Zeugnisse aus der Sanskrit- und Paliliteratur 12
  Berichte griechischer Geschichtsschreiber und Geographen 15
  Schiffe des 2. und 1. Jahrhunderts v. u. Z. auf Tempelreliefs 18
  Schiffe des 1. und 2. Jahrhunderts auf Münzen 19
  Schiffe des 3. bis 7. Jahrhunderts auf Tempelgemälden 20
  Schiffe des 11. Jahrhunderts – Yukti Kalpataru 23
  Transport- und Kriegsschiffe des 8. bis 13. Jahrhunderts auf
     Tempelreliefs und Gedenksteinen 27
  Reisende des Mittelalters berichten über Indiens Seeschiffbau 29
    Verbindung und Abdichtung der Planken 29
    Konstruktive Gestaltung 32
    Größe der Schiffe 33
  Zentren des Schiffbaus im 16. und 17. Jahrhundert 34
  Kriegsschiffe des 16. bis 18. Jahrhunderts 36
  Schiffbau im 18. und 19. Jahrhundert 41
  Periode des Niedergangs 44

Boote und Schiffe in Vergangenheit und Gegenwart 45
  Übersicht 45
  Einbaumkanu 48
  Auslegerkanu 52
  Der Katamaran 60
  Geplankte Boote 65
    An Bengalens Küsten und Wasserstraßen 69
    An Indiens Ostküste 76
    Am Golf von Mannar 79
    An der Malabarküste 79
    An der Küste von Bombay 84
    Rennboote 88
  Segelschiffe 93
    Baghla 94
    Sambuk 96
    Kotia 96

Ganja   98
Patimar und Dhangi   98
Patimar   100
Dhangi   101
Battela   104
Padow   104
Batel   105
Toni   108
Bau der Kotia und Patimar   109
Zukunft der Holzschiffe und -boote   113

Literaturverzeichnis   117

Bildnachweis   119

Abbildungen   120

Anlage: Rißtafeln
    Tafel 1 und 2: Batel um 1900
    Tafel 3a und 3b Floßkatamaran (Coromandelküste)

Anstelle eines Vorwortes

Es ist einer jener typischen Dezembertage Südindiens. Die fast senkrecht über uns stehende Mittagssonne strahlt vom wolkenlosen Himmel, und das Thermometer zeigt eine Schattentemperatur von +32°C an. Wir fahren auf der Nationalstraße NH 47. Sie beginnt an der äußersten Südspitze Indiens, am Cape Comorin, und folgt der Malabarküste in nord-nordwestlicher Richtung bis sie, nach etwa 400 km, bei der Bezirksstadt Trichur ostwärts ins Binnenland abbiegt.

Auf dieser Straße begegnen wir hochbeinigen zweirädrigen, von einer Bambusfasermatte tonnenförmig überdachten Karren, die von zwei Ochsen gezogen werden.

In glühender Sonnenhitze oder strömendem Monsunregen sind diese Fahrzeuge unterwegs. Tag für Tag ziehen die oft völlig überladenen Wagen einzeln oder in kleinen Gruppen ihrem Bestimmungsort zu, so wie schon vor Jahrtausenden.

Sie unterscheiden sich durch nichts von jenen Karren, die auf den Reliefs von Bharhut abgebildet sind. Auf diesen aus dem 2. Jahrhundert v. u. Z. stammenden Darstellungen ist unter anderem auch das durch die Nase der Ochsen gezogene Führungsseil deutlich erkennbar. Es hat, ebenso wie der Ochsenkarren selbst, die Jahrtausende überdauert und ist heute wie damals typischer Bestandteil des Ochsengeschirrs.

Plötzlich zerreißt gellendes Sirenengeheul die Stille. Die Ochsenkarren werden von schnellen LKW überholt. Für einen Augenblick scheinen sich Gegenwart und

Vergangenheit zu begegnen. Aber sind die Ochsenkarren wirklich ein Stück Vergangenheit?

1980, vier Jahre später, stehe ich an Deck des 75000-t-Schiffes RANI PADMINI. Der größte Frachter, der bisher auf einer indischen Werft gebaut wurde, liegt am Ausrüstungskai der Schiffswerft Cochin.

Der Blick gleitet über die malerischen Achterwasser mit den zahlreichen Buchten und palmenbestandenen Inselchen. Die Achterwasser werden bevölkert von zahllosen Paddel- und Segelbooten, welche sich wie Spielzeuge ausnehmen, wenn sie am riesigen stählernen Rumpf der RANI PADMINI vorübergleiten.

Zum Bau dieser Boote wird nicht ein einziger Nagel verwendet. Ihre Planken sind mit Kokosfaserseilen kunstvoll „zusammengenäht". Es ist die gleiche Verbindungstechnik, die schon der persische Reisende und Historiker Ibn Batuta beschrieben hat, als er vor mehr als 650 Jahren Indien besuchte. Später werden wir aber erfahren, daß diese Verbindungstechnik noch sehr viel älter ist als die auf den Reliefs von Bharhut dargestellten Wasserfahrzeuge und bis in die Anfänge des indischen Schiffbaus zurückreicht.

Mit Bharhut taucht auch das Bild der Ochsenkarren wieder in der Erinnerung auf. Sind auch diese Boote, die Lastkarren der Achterwasser, ein Stück indischer Vergangenheit? Sie sind es nicht. Sie sind, ebenso wie die Ochsenkarren, ein Stück indischer Gegenwart und haben derzeit noch einen festen Platz im indischen Wirtschaftsleben. Neben modernsten Technologien, die denen entwickelter Industrienationen in nichts nachstehen, haben in Indien in beachtlichem Umfange Technologien überlebt, die seit Jahrhunderten praktisch unverändert geblieben sind. Um 1960 lag zum Beispiel in der Landwirtschaft die Anzahl der Lastkarren noch bei etwa 12 Millionen, und auf einen eisernen Pflug kamen mehr als 16 Holzpflüge, deren Konstruktion sich sicherlich bis zum Anfang unserer Zeitrechnung zurückverfolgen ließe.

Die ärmsten Schichten der Bevölkerung Indiens halten zäh an diesen traditionellen Technologien fest. Sie müssen es tun, um sich ihren kärglichen Lebensunterhalt zu sichern. Eine höher entwickelte Technik wäre für sie unerschwinglich. Aber auch für den kleinen Unternehmer sind diese billigen Produktions- und Transportmittel immer noch eine Quelle des Profits, nämlich dann, wenn er sie mit Arbeitskräften betreibt, die zu den Ärmsten der Armen gehören. Diese um das nackte Existenzminimum ringenden Menschen sind gezwungen, für unvorstellbar niedrige Löhne zu arbeiten.

Dennoch, die Tage der hölzernen Boote und Schiffe sowie der Techniken zu ihrer Herstellung dürften in absehbarer Zukunft auch in Indien gezählt sein. Es erschien daher lohnenswert und reizvoll, Wissenswertes über diese in ihrem Ursprung weit in die Vergangenheit zurückreichenden Wasserfahrzeuge und die dazugehörigen Bautechnologien festzuhalten.

Bei der Bearbeitung des Stoffes ergab sich jedoch eine wesentliche kaum zu meisternde Schwierigkeit. Je nach Verwendungszweck und den entlang der 5500 km langen Küstenlinie Indiens sehr unterschiedlichen geographischen und topographischen Bedingungen haben sich eine Vielzahl verschiedener Fahrzeugtypen und Modifikationen derselben herausgebildet. Dadurch wird jeder Anspruch auf Vollständigkeit bei der Behandlung einer solchen Thematik von vornherein illusorisch.

Besonderer Wert wurde auf die Darstellung der Boote gelegt, da höchst interessante und zum Teil einmalige Typen wie zum Beispiel das *Chundan Vallam* meines Wissens in der Literatur bisher gar nicht behandelt wurden. Demgegenüber gibt es über die seegehenden Schiffstypen, wie zum Beispiel die der Daufamilie zuzuordnenden Segelschiffe, bereits genügend Literatur.

Ein Blick in die Vergangenheit

Erste Zeugnisse über indische Wasserfahrzeuge finden wir bereits in einer 4 bis 5 Jahrtausende zurückliegenden Epoche.

Zeugnisse aus der Harappa-Kultur

Um 2500 v. u. Z. war im Nordwesten Indiens in einem Gebiet mit einer über 1500 km langen Küstenlinie die hochentwickelte Indus- oder Harappa-Kultur entstanden. Harappa und Mohenjodaro waren in dieser Zeit bedeutende Handelszentren, und die am Golf von Cambay gelegene Stadt Lothal verfügte über einen Dockhafen.*

Das in den 50er Jahren bei Ausgrabungen in Lothal entdeckte Hafenbecken mißt 210,9 × 35,6 in Metern und hat wenigstens 30 Schiffen mit Tragfähigkeiten zwischen 60 und 75 t gleichzeitig Schutz gegen den extremen Gezeitenhub geboten, der im Golf von Cambay heutzutage bis zu 11,5 m beträgt. Dieses von hohen Mauern aus gebrannten Ziegelsteinen eingefaßte Hafenbecken mit einem Alter von etwa 4300 Jahren ist der erste nachweisbare künstlich angelegte Hafen Indiens.

Ausgrabungen im Hafenbecken von Lothal ergaben, daß bereits um 2200 v. u. Z. Teakholz zum Schiffbau verwendet worden ist. Als Verbindungstechnik dürfte in

der damaligen Zeit das „Zusammennähen" der Planken gedient haben, worauf der Fund eines in Lothal ausgegrabenen bronzenen Bohrers hindeutet.

Bei den von 1956 bis 1962 durchgeführten Ausgrabungen wurden auch drei Bootsmodelle aus Terrakotta zutage gefördert, die aus der Zeit von 2500 bis 2000 v. u. Z. stammen. Eines der Modelle hat einen flachen Boden. Es ist breit, hat einen spitz zulaufenden Bug und ähnelt einem auf Binnengewässern eingesetzten Lastkahn. Das zweite Modell hat einen Kiel und läßt einen spitzen Vorsteven erkennen. Das Heck ist abgeflacht. Das dritte Modell (Fig. 1a) ähnelt in der Form dem zweiten Modell. Dieses Fahrzeug dürfte aber zusätzlich über Mast und Segel verfügt haben. Darauf deutet eine lochartige Vertiefung im Heck des Modells hin, die vermutlich zur Lagerung des Mastes diente. Ein Loch im Bug war offenbar zur Befestigung des Vorstags gedacht. Je ein in der Bordwand backbords und steuerbords angeordnetes Loch mag zur Aufnahme von Dollen oder zum Belegen des Segels gedient haben. Fig. 1b zeigt ein weiteres, erst kürzlich in Lothal gefundenes Modell. Schließlich wurde noch ein sehr schlankes Bootsmodell, das offenbar ein Kanu darstellt, ausgegraben.

Ein rechteckiges Siegel, das bei Ausgrabungen in der Stadt Mohenjodaro gefunden wurde, stammt aus der Mitte des 3. Jahrtausends v. u. Z. Auf diesem Siegel ist ein Wasserfahrzeug abgebildet, das offensichtlich aus Schilf gefertigt wurde. Die

---

* Dockhafen: durch ein Tor verschließbares Hafenbecken. In Dockhäfen können die Hafenarbeiten (Be- und Entladen der Schiffe) auch bei starkem Gezeitenhub ungehindert durchgeführt werden.

Fig. 1 Terrakotta-Bootsmodelle (2500 bis 2000 v. u. Z.), die bei Ausgrabungen in Lothal gefunden wurden. Beseglung und Steuermann sind nachträgliche Ergänzungen. Sie wurden gegenüber der ursprünglichen Rekonstruktion von S. R. Rao durch den Autor modifiziert
(gezeichnet nach Fotos der Archaeological Survey of India, New Delhi)

mittschiffs angeordnete Kabine dürfte ebenfalls aus Schilf oder einem ähnlichen Mattengeflecht bestehen. Das Fahrzeug hat einen hoch aufragenden Vor- und Achtersteven. Am Heck des Schiffes sitzt ein Steuermann (sein Kopf fehlt) am seitlich angeordneten Ruder. Die Tatsache, daß kein Mast geführt wird, deutet darauf hin, daß es sich um ein Binnenwasserfahrzeug handelt (Abb. 3).

Aus der gleichen Epoche stammt ein ebenfalls in Mohenjodaro ausgegrabenes Terrakottaamulett. Das auf diesem Amulett abgebildete Schiff ähnelt in seiner Form stark der oben beschriebenen Siegeldarstellung. Es ist offensichtlich auch aus Schilf gefertigt und verfügt ebenfalls über eine Kabine. Die Ruder am Heck des Schiffes

sind deutlich erkennbar. An beiden Enden der Kabine sind Masten angeordnet, an deren oberem Ende die Ansätze von Segeln angedeutet worden sind. Die drei Vögel auf dem Amulett werden von der indischen Historikerin M. Chandra als Seevögel gedeutet. Es ist aber auch denkbar, daß es Krähen sein sollen. Wie wir später sehen werden, benutzten indische Seefahrer in der küstennahen Schiffahrt Krähen als „Kompaßvögel", das heißt als Navigationshilfen (Abb. 4).

Ein weiteres aus der Harappa-Kultur stammendes Siegel (2500 v. u. Z.) enthält die Abbildung eines Schiffes mit Beseglung, Anker und Rudern. Ferner seien noch drei Schiffsdarstellungen auf Topfscherben genannt. Bei Ausgrabungen in

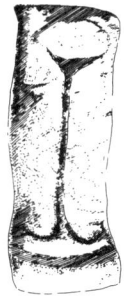

Fig. 2 Wasserfahrzeug auf einer Topfscherbe. Etwa 3000 v. u. Z., Mohenjodaro (Archaeological Survey of India, New Delhi)

Fig. 3 Siegeldarstellung eines Ankers. 3000 v. u. Z., Harappa (nach K. Sridharan)

Dhulia, einer aus der Spätzeit der Harappa-Kultur* stammenden Siedlung, wurde eine Topfscherbe gefunden, die eine Schiffsdarstellung mit Kabine und Rechtecksegel zeigt. Ein weiteres auf einer Topfscherbe abgebildetes Wasserfahrzeug (etwa 3000 v. u. Z., Mohenjodaro) mit ausfallendem Vor- und Achtersteven hat einen Mast und ein seitlich angeordnetes Ruder (Fig. 2).

Schließlich sei noch die Abbildung von zwei Schiffen auf einer Topfscherbe erwähnt, aus der hervorgeht, daß Wasserfahrzeuge mit 30 Riemen eingesetzt waren.

Diese Zeugnisse der Archäologie lassen erkennen, daß in der Harappa-Periode zum Bau von Wasserfahrzeugen Schilf und Holz verwendet wurden. Als Vortriebsmittel dienten Paddel, Riemen und Segel. Die Fahrzeuge wurden durch seitlich am Heck angeordnete Ruder gesteuert.

Die Tatsache, daß im Hafenbecken von Lothal Lochstein-Anker gefunden wurden, deutet darauf hin, daß ein Teil der Wasserfahrzeuge der Harappa-Kultur zumindest in der Küstenschiffahrt verwendet wurde. Unterstützt wird diese Annahme

* 1900 bis 1600 v. u. Z.

noch durch die in Harappa (3000 v. u. Z.) gefundene Siegeldarstellung eines zweiarmigen Ankers mit einem Ring am oberen Ende des Ankerschaftes (Fig. 3). Der Anker ist in der indischen Schiffahrt als ein wesentliches Merkmal seegehender Wasserfahrzeuge zu werten, denn traditionelle Binnenwasserfahrzeuge haben in Indien auch heute noch meistens keine Anker. Soll ein Boot oder Lastkahn in einem offenen Gewässer an einer bestimmten Stelle gehalten werden, dann werden 4 bis 5 m lange zum Staken des Fahrzeuges benutzte Stangen in den Gewässergrund gestoßen und das Fahrzeug daran vertäut. Als weiteren Hinweis auf eine Seeschiffahrt in jener Zeit können wir die Abbildung eines großen Fisches oder Wals auf einer Topfscherbe ansehen. Diese wurde bei Ausgrabungen in Lothal gefunden.

Weitere Darstellungen von Booten und Schiffen finden wir erst wieder rund 2000 Jahre später. Für den dazwischenliegenden Zeitraum sind wir auf Informationen aus der indischen Sanskrit- und Paliliteratur angewiesen. Die Verläßlichkeit dieser Quellen ist umstritten, und wir wollen sehen, wie weit sie geeignet sind, die Ent-

11

wicklung des Schiffbaus in dieser Zeit wenigstens etwas aufzuhellen.

Zeugnisse aus der Sanskrit- und Paliliteratur

Die älteste Sanskritliteratur, der Veda*, enthält Hinweise auf den Seehandel mit fremden Ländern. Wir finden auch einige verstreute Angaben über Schiffe.

Im Rgveda** wird berichtet, daß Schiffbrüchige auf dem Ozean durch ein mit 100 Riemen bestücktes Schiff gerettet werden. Der Hinweis auf die Anzahl der Riemen läßt jedoch keinen Schluß auf die Größe des Schiffes zu, da keinerlei Angaben über die Sitzordnung der Ruderer gemacht werden.

An anderer Stelle wird ein gut getakeltes Schiff erwähnt, das auf den Ozean hinaussegelt, und seine Roll- und Stampfbewegungen werden beschrieben.

Der auch zur älteren vedischen Literatur zählende Atharva Veda Samhita beschreibt Schiffe mit gutem Seegangsverhalten, die von fehlerfreier Konstruktion sowie robust und geräumig seien.

Weiter enthält der Rgveda die Beschreibung eines als Plava bezeichneten Schiffes. Das Schiff sei robust, sturmfest und habe Flügel. Der indische Autor K. Sridharan geht mit Sicherheit fehl in der Annahme, daß es sich bei den „Flügeln" um eine altertümliche Version von Stabilisierungsflossen handelt. In jener Zeit, also im 2. Jahrtausend v. u. Z., gab es keinerlei technische und technologische Voraussetzungen für die Realisierung auch nur einer vereinfachten Version der Stabilisierungsflossen. Bei den „Flügeln" des Schiffes dürfte es sich

vielmehr um Ausleger handeln, etwa in der Art, wie wir sie von den Kanus der Südseeinsulaner kennen. Diese Vermutung wird unterstützt durch die Schiffsabbildungen auf den Reliefs des Hindutempels in Borobudur (Java), die aus dem 8. Jahrhundert unserer Zeitrechnung stammen. Fünf der insgesamt sieben Schiffsdarstellungen zeigen seegehende Segelschiffe, die mit robusten Auslegern ausgerüstet sind.

Einige Wissenschaftler nehmen an, daß im Entstehungszeitraum des Veda keine Seeschiffahrt betrieben wurde, weil in der vedischen Literatur Mast und Segel nicht erwähnt werden. Dieses Argument ist jedoch wenig überzeugend. Bei der ohnehin äußerst spärlichen Bezugnahme auf Schiffe im Veda ist es durchaus plausibel, daß so wichtige Attribute eines Seeschiffes wie Mast und Segel unerwähnt bleiben. Demgegenüber enthält der Veda, wie bereits gesagt, eindeutige Hinweise auf Seefahrten. Allerdings dürften sich die Seefahrten auf den küstennahen Bereich beschränkt haben. Eine indirekte diesbezügliche Bemerkung finden wir im Rgveda im Zusammenhang mit dem bereits erwähnten Schiffbruch. Der Königssohn Bhujyu, unter dessen Kommando das in Seenot geratene Schiff stand, ließ einige Vögel frei, um aus ihrer Flugrichtung die Richtung der Küste zu finden.

In den Jatakas* wird wiederholt über Schiffbrüche berichtet. In schwerem Seegang wurden die Schiffe vielfach leck geschlagen, und das an den Plankennähten und -stößen eindringende Wasser wurde manchem Schiff zum Verhängnis.

Ein anderes Werk der Paliliteratur beschreibt ein zur Überfahrt nach Sri Lanka bestimmtes Schiff mit einem gut getakelten

---

* Literarischer Corpus, der den ältesten Teil der indoarischen Literatur darstellt.
** Ältester Teil des Veda. Der Beginn seiner Entstehung wird etwa um 1500 v. u. Z. angenommen.

---

* Zur buddhistischen Paliliteratur gehörige Volkserzählungen. Der Beginn ihrer Entstehung liegt im 4. oder 5. Jahrhundert v. u. Z.

hohen Mast und großem Segel. Der Schiffskörper besteht aus Planken, die mit Seilen zusammengenäht sind.

Die Jatakas informieren uns auch, daß die Schiffe aus hölzernen Planken bestanden und über drei Masten, Takelage, Segel und Ruder verfügten.

Rajavalliya, ein Werk aus der Paliliteratur, berichtet, daß Prinz Vijaya aus Bengalen ausgewiesen wurde und mit einer Flotte sowie 1500 Gefolgsleuten, Pferden und Elefanten 543 v. u. Z. auf Sri Lanka landete. Sein größtes Schiff faßte 700 Mann.

Vorwiegend in den Jatakas, aber auch in anderen zeitgenössischen Werken der Paliliteratur, finden wir Angaben über die Anzahl der Passagiere auf den Schiffen der damaligen Zeit. Sie schwanken zwischen 500 und 1000 Mann je Schiff. Aber auch ein Frachtschiff wird erwähnt, das 500 Wagenladungen befördert.

In diesem Zusammenhang sei vermerkt, daß es immer wieder erstaunlich ist, welche Personenanzahl auch heute in Indien selbst auf kleinsten traditionellen Wasserfahrzeugen befördert werden. Dennoch erscheinen die hier erwähnten Angaben zu hoch. Sie sind deshalb auch kein verläßlicher Ansatzpunkt für die Abschätzung der Schiffsgrößen. In den Sankha-Jataka werden die Hauptabmessungen eines Schiffes mit umgerechnet 366 m Länge, 272 m Breite und 36 m Seitenhöhe sowie drei Masten angegeben. Die angebliche Länge dieses Riesenschiffes entspricht etwa der eines modernen 300 000-t-Tankers. Das größte in der Neuzeit gebaute hölzerne Segelschiff, die GREAT REPUBLIC, hatte dagegen eine Länge von „nur" 102,2 m. Eine Länge um 100 m wird aber allgemein aus Gründen der Längsfestigkeit bereits als eine obere Grenze für die Größe hölzerner Seeschiffe angenommen. Wir können deshalb dieses in den Jatakas erwähnte Riesen-

schiff getrost ins Reich der Fabel verbannen.

Neben den hier zusammengestellten Angaben finden wir in der Literatur auch Klassifizierungen von Schiffen und Booten, die interessante Aufschlüsse über die Formenvielfalt der Wasserfahrzeuge geben. Die Hauptquelle unserer Informationen, die Arthasastra, stammt aus der Epoche Chandragupta Mauryas. Chandragupta bestieg 322 v. u. Z. den Thron. Er wurde zum Baumeister des größten altindischen Reiches, das sich im Norden Indiens vom Arabischen Meer im Westen bis zum Golf von Bengalen im Osten erstreckte. Chandragupta hatte einen Berater namens Kautilya, der eine bis in unsere Zeit überlieferte „Abhandlung über den Staat" (Arthasastra) verfaßte. Aus diesem Werk geht hervor, daß man sich damals in Indien der Bedeutung der Seerouten als Handelsstraßen der Ozeane voll bewußt war.

Der Staat hatte einen Superintendenten oder Direktor für Schiffahrt ernannt, der für See- und Binnenschiffe zuständig war. Bevor ein Schiff den Hafen verließ, hatte es Steuern an den Staat zu zahlen. Die Steuererhebung war genauestens geregelt. Unter anderem war zum Beispiel festgelegt, daß jene Personen, die mit staatseigenen Schiffen Perlenfischerei betrieben, auch Steuern abführen mußten. Der Direktor für Schiffahrt war mit weitgehenden Vollmachten ausgestattet. Er war ermächtigt, Piratenschiffe, aber auch andere Schiffe, die sich weigerten, die in den Häfen geltende Gesetzgebung anzuerkennen, zu vernichten. Es gab aber auch so etwas wie eine Schiffsversicherung. Kam nämlich ein Schiff oder dessen Ladung zu Schaden, so war der Superintendent für Schiffahrt autorisiert, den Schaden zu ersetzen.

Die Darstellung derartiger Details in Kautilyas Werk läßt Schlüsse auf eine gut entwickelte Schiffahrt in jener Zeit zu.

Nach ihrem Verwendungszweck unterscheidet Kautilya vier Gruppen von Schiffen, nämlich Handelsschiffe (Potavanika), Privatschiffe (Savanava), königliche Fahrzeuge (Rajanau) und Kriegs- beziehungsweise Piratenschiffe (Himsrika).

Die Handelsschiffe untergliedern sich weiter in Schiffe für den Gütertransport (Samyati Nava) und für den Personentransport (Pravahana). Die Samyati Nava wurden im Kriegsfalle auch für den Transport von Kriegsmaterial eingesetzt.

Pravahanas waren seegehende Schiffe für den Personentransport. Sie verfügten über Decksaufbauten, in denen Kabinen für die Fahrgäste untergebracht waren.

Kautilya unterscheidet nach Größe der Schiffe:

Mahanava: Schiffe, die auf der offenen See und auf großen Flüssen verkehren.

Ksudrika: Boote für den Verkehr auf kleinen Flüssen.

Neben diesen Booten und Schiffen werden weitere Wasserfahrzeuge genannt:

Kasthasamghata: Zusammengebundene Stämme, eine Art Floß.

Venusamghata: Floß aus zusammengebundenem Bambus.

Tabelle 1

Bezeichnung des Wasserfahrzeuges	Charakteristik/ Verwendungszweck	Literaturquelle
Nava Nau Plava	Großes Boot, Schiff Boot auf Flüssen (?)	Rgveda
Mahanava	Großes Boot oder Schiff zum Transport von Gütern und Fahrzeugen	Ramayana (400 v. u. Z. bis 400 u. Z.)
Nava Lumper Kulla	Großes Boot Kleines Boot Kleines Boot für den Hafenbetrieb	Mahavagga
Utsanga Utpata	Einbaumkanu Langes Fischerboot	Astadhyaya
Udupa	Kleines Boot	Mahabhasya von Patanjali (2. Jh. v. u. Z.)
Mahavakassanava Majjhimakaya Velu Kumbha Tumba Dati	Geräumiges Schiff Mittelgroßes Schiff, Boot wie Kottimba, Salinka (Schiff mit Kajüte), Samghad (Einbaum), Toppaka und andere Floß aus Bambus Floß aus Krügen Floß aus getrockneten Kürbissen Floß aus aufgeblasenen Häuten	Amgavijja (Jainistisches Werk)

Alavu: Aus Flaschenkürbissen gefertigtes Wasserfahrzeug.

Carmak-Aranda: Ein mit Tierhaut bezogenes Korbgeflecht.

Chatti: Ein schwimmender Ledersack, der als Wasserfahrzeug benutzt werden konnte.

Gandika: Aus der Haut des Rhinozeros hergestellter Schwimmkörper.

Venika: Ein Floß aus zusammengeflochtenem Schilf.

Abschließend wird noch eine (unvollständige) Zusammenstellung weiterer Wasserfahrzeuge gegeben, die in der indischen Literatur v. u. Z. erwähnt werden (Tabelle 1).

Wenn auch alle diese Literaturquellen kaum Details der einzelnen Schiffe und Boote liefern, lassen sie doch die Vielfalt der Wasserfahrzeuge der damaligen Zeit erkennen und geben gleichzeitig auch eine gewisse Vorstellung über die See- und Binnenschiffahrt Indiens bis zur Zeitenwende.

Berichte griechischer Geschichtsschreiber und Geographen

Herodot (geb. 484 v. u. Z.) ist der erste griechische Historiker, dessen Berichte über Indien überliefert worden sind. Von Herodot erfahren wir, daß die Inder Boote für den Fischfang auf dem Indus bauen, die aus Stücken von riesenhaften Schilfrohren bestehen, welche an den Flußufern wachsen. Weitere Angaben über das Riesenschilf finden sich bei Megasthenes, Strabo, Plinius, Diodor und Ktesias. Danach erreicht es die phantastische Höhe von 55 m, während andere Schilfarten mit Durchmessern von 1,3 bis 2,7 m auf dem Boden entlang wachsen. Abgesehen davon, daß diese Angaben stark übertrieben sein dürf-

ten, gibt es keine Schilfart von solchen Abmessungen, die es gestattet, aus einem einzigen Schilfrohr ein Kanu zu fertigen. Auch der Bambus, mit dem das „Schilf" möglicherweise verwechselt worden sein könnte, scheidet aus den gleichen Gründen aus. Dagegen gibt es in Indien Palmenarten, deren Stammdurchmesser für die Herstellung von Kanus ausreicht. Hornell (1920) beschreibt Einbaumkanus, die aus dem Stamm der Palmyra-Palme gefertigt werden und auf dem Godavari-Fluß in Andhra Pradesh und dem Ganges beheimatet sind (Fig. 4). Diese Wasserfahrzeuge werden häufig als Doppelkanus ausgeführt. Zum Bau solcher Kanus wird das untere Ende des Palmenstammes benutzt. Es hat über dem Wurzelansatz eine kolbenförmige Verdickung, welche ausgehöhlt wird und den Bug des Kanus bildet. Als Distanzhalter für die Bootskörper eines Doppelkanus dienen Bambusstäbe. Es liegt deshalb Grund zur Annahme vor, daß das von Herodot und anderen erwähnte Schilfrohr in Wirklichkeit ein Palmenstamm war.

Im 4. Jahrhundert v. u. Z. liefern uns die Berichte griechischer Historiker und Geographen (Arrian, Ptolemäus, Megasthenes und andere) im Zusammenhang mit einem welthistorischen Ereignis gewissermaßen am Rande auch einige wenige, jedoch interessante Informationen über den Schiffbau Indiens. Im 4. Jahrhundert v. u. Z. erlebte Nordindien die Invasion der Armee Alexanders von Makedonien. Als Alexanders Truppen den Fluß Beas (Hyphasis) erreicht hatten, weigerten sie sich, weiter vorzustoßen. 326 v. u. Z. gab Alexander von Makedonien deshalb den Befehl zum Rückzug. Auf dem Rückzug wurde am Fluß Jhelum (Hydaspes) haltgemacht und mit der Formierung einer Flotte begonnen. Sie sollte den Seeweg erkunden und den Rücktransport eines Teils der Armee, be-

Fig. 4 Für den Fährverkehr eingesetztes Doppelkanu, das aus Stämmen der Palmyra-Palme besteht (nach J. Hornell: The boats of...)

stehend aus 8000 Soldaten und Offizieren, mehreren tausend Pferden sowie Versorgungsgütern, übernehmen.

Für den Bau der Flotte war dort genügend geeignetes Holz verfügbar. Aufträge für den Bau von Galeeren sowie Transportfahrzeugen wurden an indische Schiffbaumeister erteilt, und Werften, die wir uns in jener Zeit allerdings als sehr einfach vorstellen müssen, wurden errichtet. Zusätzlich wurden an den Ufern des Jhelum Schiffe beschlagnahmt. Die gesamte Flotte bestand schließlich aus 800 (die Zahlenangaben schwanken zwischen 800 und 2000) Fahrzeugen, darunter 30 lange schlanke Galeeren, die mit je 30 Ruderern besetzt waren, sowie geräumige Transportschiffe. Die Anzahl der Fahrzeuge läßt darauf schließen, daß in jener Zeit in Indien der Schiffbau ein gut entwickelter Gewerbezweig war, der über ein beachtliches Potential verfügte.

Damals war der indische Schiffbau Staatsmonopol. Unter den Handwerkern bildeten die Schiffszimmerleute eine besondere Schicht. Sie waren bezahlte Staatsangestellte, denen es nicht gestattet war, für Privatpersonen zu arbeiten. Die in den königlichen Werften gebauten Schiffe konnten jedoch von Kaufleuten gemietet werden.

Nachdem die Flotte Alexanders von Makedonien fertiggestellt war, segelte sie den Jhelum und Indus stromabwärts und erreichte das Arabische Meer. Sie segelte dann der Küste folgend westwärts in den Persischen Golf und erreichte nach einer Seereise von etwa 1500 Seemeilen die Mündung des Euphrat. Der detaillierte Bericht des Admirals Nearchos, unter dessen Kommando die Flotte stand, ist uns überliefert. Er enthält wenige Informationen über Schiffbrüche oder Havarien während der Seereise, was Rückschlüsse auf die Qualität der Schiffe zuläßt.

Interessant ist auch, daß sich Admiral Nearchos während seiner Seereise eines indischen Lotsen bediente, der die Küste bis hin zum Persischen Golf kannte. Daraus können wir schließen, daß damals auch indische Schiffe in diesem Küstengebiet verkehrten.

Zweihundert Jahre später, man schrieb das Jahr 120 v. u. Z., brachte die Küstenwacht des Arabischen Golfes (des Roten Meeres) einen Seemann zum König von Ägypten, Euergetes II. Die Küstenwachen berichteten, sie hätten ihn halbtot in einem Schiff aufgefunden. Seine Herkunft blieb vorerst ein Rätsel, da keine Verständigung möglich war, denn der Seemann sprach eine völlig unbekannte Sprache. Er wurde deshalb in die Obhut von Sprachlehrern gegeben, die ihn Griechisch lehrten. Nachdem der Inder, denn um einen solchen handelte es sich, genügend Fortschritte im Erlernen des Griechischen gemacht hatte, berichtete er den Hergang des Geschehens. Das Schiff war von der Küste Indiens aufgebrochen, hatte den Kurs verfehlt und war schließlich in den Arabischen Golf getrieben worden. Alle anderen Besatzungsmitglieder des Schiffes waren auf dieser unfreiwilligen Reise Hungers gestorben.

Der indische Seemann machte sich erbötig, jenen, die der König entsenden werde, die Seeroute nach Indien zu zeigen, was dann auch geschah.

Aus diesem von Strabo überlieferten Bericht können wir schließen, daß das indische Fahrzeug vom Nordost-Monsun erfaßt und über die Arabische See ins Rote Meer getrieben wurde.

Es fehlt jede Angabe über das Schiff selbst. Soviel wird aber deutlich, daß es sich um ein seetüchtiges Schiff gehandelt hat, denn es muß bei dieser Reise eine Strecke von mindestens 1800 Seemeilen auf offener See zurückgelegt haben.

Mit Berufung auf ältere Quellen gibt Plinius in seiner 37 Bände zählenden „Naturgeschichte" uns interessierende Details über indische Schiffe. Er berichtet, daß in „früheren Tagen" von Bengalen aus Papyrusboote, die nach Art der Nilboote getakelt waren, nach Sri Lanka segelten. Wir erfahren weiter: Die See zwischen Indien und Sri Lanka ist voller Untiefen. An einigen Stellen aber ist das Fahrwasser wiederum so tief, daß kein Anker den Meeresboden erreicht. Um beim Manövrieren in einem extrem engen Fahrwasser ein Wenden des Schiffes zu vermeiden, haben die Schiffe an beiden Enden einen „Vorsteven". Ihre Tragfähigkeit beträgt etwa 75 t.

Eine weitere Quelle, die einige interessante Informationen über indische Schiffe der Zeitenwende gibt, ist das Werk „Periplus Maris Erythraei"*.

In dem Werk wird erwähnt, daß im Hafen von Podouke (das heutige Pondicherry) großräumige indische Schiffe, *Kolandiophonta* genannt, verkehrten. Sie dienten dem Handel zwischen den Häfen der indischen Ostküste, dem Gangesgebiet und der Malaiischen Halbinsel. Der Verfasser erwähnt weiter ein indisches Fahrzeug, das als *Sangara* bezeichnet wird. Es ist ein Doppelrumpfschiff, das aus zwei miteinander verbundenen großen Einbaumkanus besteht. Die Bezeichnung *Sangara* sowie ihr Wortinhalt erinnert an die uns schon bekannten Bezeichnungen *Utsanga* und *Samghad* (Einbaumkanu) sowie *Kasthasamghata* (zusammengebundene Stämme).

Sangaras wurden für den Handel zwischen der Küste Tamil Nadus und den Häfen der südwestindischen Malabarküste eingesetzt.

Das Anlaufen der Hafenstadt Barugaza (heute Broach) im Golf von Cambay war wegen der Untiefen, des extremen Gezeitenhubs und des unübersichtlichen Fahrwassers mit hohen Risiken behaftet. Die Regierung hatte deshalb ortskundige einheimische Fischer engagiert, die ankommenden Schiffen als Lotsen dienten. Die

* Von einem unbekannten griechischen Kaufmann zwischen 80 und 90 u. Z. verfaßtes Werk. Es gilt als der beste Bericht über den Handel zwischen Ägypten – während seiner Zugehörigkeit zum Römischen Weltreich –, der afrikanischen Küste und Indien.

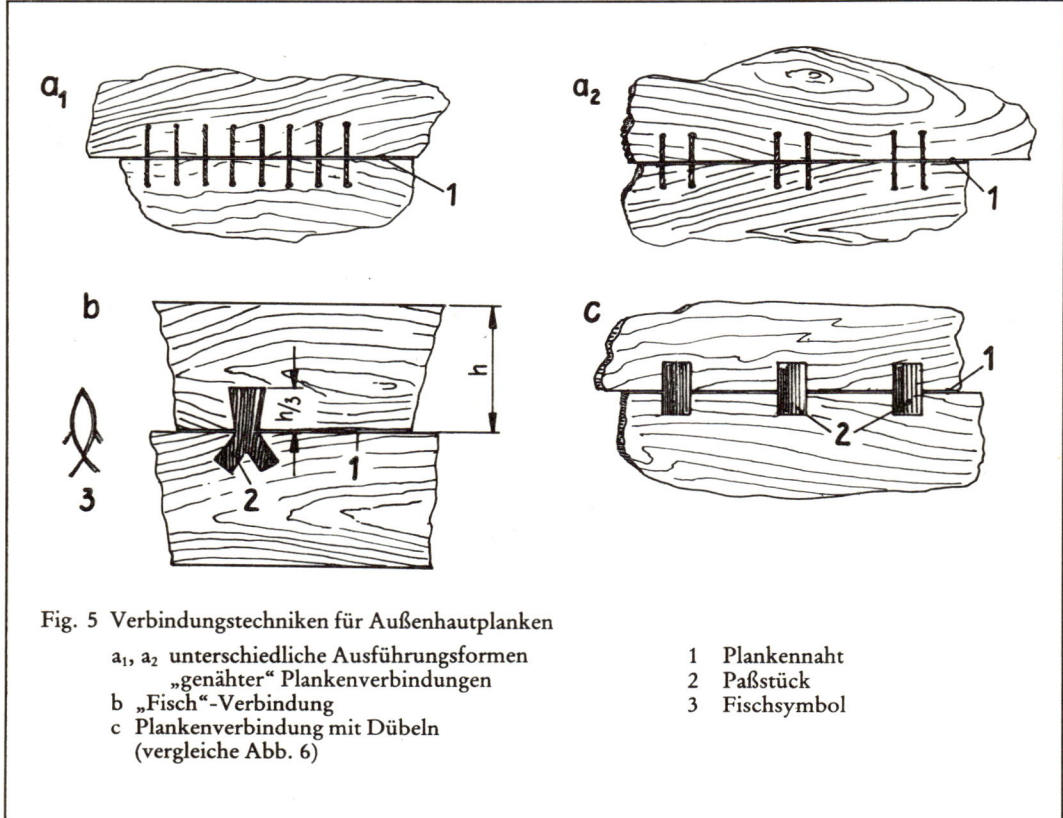

Fig. 5 Verbindungstechniken für Außenhautplanken

　　a₁, a₂ unterschiedliche Ausführungsformen
　　　　„genähter" Plankenverbindungen
　　b „Fisch"-Verbindung
　　c Plankenverbindung mit Dübeln
　　　　(vergleiche Abb. 6)

1　Plankennaht
2　Paßstück
3　Fischsymbol

Lotsen benutzten *Trappaga* und *Kotumba* genannte Langboote. Diese Bezeichnungen dürften indischen Ursprungs sein, denn sie erinnern stark an *Toppaka* und *Kottimba* (mittelgroßes Schiff, Boot; s. Tabelle 1).

Schiffe des 2. und 1. Jahrhunderts v. u. Z. auf Tempelreliefs

In den buddhistischen Tempeln von Bharhut und Sanchi finden sich jeweils zwei Darstellungen von Booten aus dem 2. beziehungsweise 1. Jahrhundert v. u. Z.

Ein aus dem 2. Jahrhundert v. u. Z. stammendes Relief in Bharhut zeigt zwei mit jeweils drei Personen besetzte Boote. Eines der Boote wird von einem Wal angegriffen. Die Besatzung des zweiten Bootes hat die Ruder sinken lassen und starrt auf den Angreifer. Die Darstellung des Wals muß keineswegs ein Produkt der Phantasie des Bildhauers gewesen sein. Admiral Nearchos berichtete, daß seine Flotte während der Heimreise Begegnungen mit zahlreichen Walen hatte, die eine Länge von 50 m aufwiesen (Abb. 5).

Ein weiteres Relief (Sanchi, 1. Jh. v. u. Z.) zeigt ein geplanktes Boot mit drei Mann Besatzung (Abb. 6).

Hinsichtlich der bei den oben genannten Fahrzeugen für die Beplankung verwendeten Verbindungstechnik vertreten indische Wissenschaftler unterschiedliche Auffassungen. Es wird teilweise angenommen, daß die Planken dieser Wasserfahrzeuge genäht waren, eine Verbindungstechnik,

Fig. 6 Prunkschiff aus dem 2. Jh. v. u. Z.,
Sanchi
(Archaeological Survey of India, New
Delhi)

einem Fischsymbol aufweisen, wird auch von einer „Fisch"-Verbindung gesprochen.

Ein weiteres Relief aus Bharhut (2. Jh. v. u. Z.) zeigt offenbar ein Einbaumkanu. Die Wasserpflanzen deuten darauf hin, daß sich das Boot in Ufernähe befindet. Eine der im Boot befindlichen Personen (Mitte) stakt das Boot mit einer Stange (Abb. 7).

Die vierte Reliefabbildung eines Wasserfahrzeuges (Sanchi, 2. Jh. v. u. Z.) zeigt ein Schiff mit einem prunkvollen Vorsteven, der mit einem Greif verziert ist (Fig. 6). Der Achtersteven dagegen hat die Form eines Fischschwanzes. In der Mitte des Schiffes befindet sich ein kleiner Pavillon mit einem Thronsessel. Wir erkennen am Heck des Schiffes einen Steuermann, der ein großes Ruder bedient. Es besteht aus einer Stange, an der ein Ruderblatt angebunden ist. Derartige Ruder finden sich auch heute noch sehr häufig bei traditionellen indischen Wasserfahrzeugen.

Bei dem Schiff handelt es sich wahrscheinlich um das Prunkboot eines indischen Herrschers. Es ähnelt stark den Lustfahrzeugen indischer Maharajas der Neuzeit. Im Wasser schwimmen einige Menschen, die sich an Hölzern beziehungsweise aufgeblasenen Tierhäuten festhalten.

die uns schon aus Berichten der Paliliteratur bekannt ist und die, wie wir bereits wissen, auch heute noch im traditionellen Bootsbau Indiens weitgehend Anwendung findet. Dagegen sind aber S. R. Rao und K. S. Ramachandran der Auffassung, daß die Planken jener Wasserfahrzeuge durch Paßstücke (Zapfen oder Dübel) verbunden worden sind. Die eingesetzten Paßstücke quellen im Wasser auf und halten somit die Planken fest zusammen.

Eine genauere Analyse der Plankenverbindungen dieser Wasserfahrzeuge und ihr Vergleich mit der Darstellung genähter Planken (Fig. 5) läßt den Schluß zu, daß es sich hier tatsächlich nicht um eine genähte Verbindung, sondern um eine Dübelverbindung gehandelt hat. Da die Paßstücke mitunter eine entfernte Ähnlichkeit mit

Schiffe des 1. und 2. Jahrhunderts auf Münzen

Das Großreich der Andharas (200 v. u. Z. bis 300 u. Z.) verfügte an der indischen Ostküste im Bereiche des heutigen Unionsstaates Andhra Pradesh über eine Seegrenze. Münzfunde bezeugen eindeutig, daß die Andharas auch eine Seeflotte hatten. Funde von Bleimünzen der Andharas mit Schiffsdarstellungen aus dem 2. Jahrhundert in Küstenorten von Tamil Nadu und Andhra Pradesh geben einigen Aufschluß über die indischen Schiffe zum Beginn unserer Zeitrechnung. Auf den Münzen sind ein- und zweimastige Schiffe abgebildet (Abb. 8). Kürzlich gefundene Münzen aus der gleichen Epoche zeigen auch Schiffe mit drei Masten. Diese sind ausnahmslos vertikal angeordnet im Gegensatz zu den heute im indischen Segelschiffbau üblichen Masten mit vorlichem Fall. Zum Manövrieren der Schiffe werden ein bis zwei seitlich angeordnete Ruder verwendet.

Die auf den meisten Münzen erkennbare tropfenförmige Verdickung an der Spitze des Vorstevens könnte eine Galionsfigur andeuten. Wie wir später noch sehen werden, wurde im indischen Schiffbau eine Bugfigur zur Zierde des Schiffes verwendet.

Wir wollen an dieser Stelle, ausgehend von der Anzahl der Schiffsmasten, die Größe und Tragfähigkeit der Andhara-Schiffe abzuschätzen versuchen. Unterstellt man, daß die Schiffe der Andharas in ihren Proportionen nicht grundsätzlich von den heutigen Frachtseglern Indiens abweichen, so ergeben sich folgende Durchschnittswerte.

Tabelle 2

Anzahl der Masten	Länge des Schiffes über alles (m)	Tragfähigkeit (t)
1	17 (17)	68
2	23 (27,5)	120
3	38 (40)	330

Als Vergleich dienten für das einmastige Schiff 13 *Prows* und 12 *Batels*. Für das zweimastige Schiff wurden 10 *Kotias* und 10 *Patimars* zum Vergleich herangezogen. Als Vergleichsbasis für das dreimastige Schiff dienten 9 *Baghlas*. Die in Klammern in Tabelle 2 eingetragenen Werte geben vergleichsweise Konstruktionsrichtlinien für chinesische Segelschiffe aus dem 15.

Jahrhundert wieder. Die Werte zeigen eine recht gute Übereinstimmung.

Nach diesen Abschätzungen könnten die von Plinius erwähnten Schiffe mit einer Tragfähigkeit von 75 t einen Mast und eine Länge über alles von etwa 17 m gehabt haben.

Wir erinnern uns an dieser Stelle an die großräumigen *Kolandiophonta* („Periplus Maris Erythraei"), welche von Pondicherry aus Handel trieben bis hin zu den Häfen der Malaiischen Halbinsel. Die Vermutung liegt nahe, daß es sich bei diesen Fahrzeugen um Schiffe des Andharas gehandelt hat.

Die einzige, außer denen auf Münzen, bekanntgewordene Abbildung eines Wasserfahrzeuges aus dem 2. Jahrhundert befindet sich in Amarvati (Andhra Pradesh). Dargestellt ist ein pontonartiger Bootskörper, der, ähnlich wie das Prunkboot in Sanchi, mittschiffs eine Kabine trägt. In der Kabine ist ein thronartiger Sessel mit einem buddhistischen Symbol erkennbar.

Schiffe des 3. bis 7. Jahrhunderts auf Tempelgemälden

In den folgenden 500 Jahren gibt es reichliche Informationen über die Entwicklung der indischen Schiffahrt und des Seehandels mit fernen Ländern, wie zum Beispiel mit China. Daraus können indirekt auch Schlüsse gezogen werden über eine weitere Entwicklung des Schiffbaus sowie der Schiffe. Direkte Informationen über Schiffe und Schiffbau in dieser Periode sind jedoch äußerst selten.

Der buddhistische Mönch Fa-hien war im Jahre 399 auf dem Landwege von China nach Indien gereist. Als er 414 das Land wieder verließ, wählte er die Seeroute nach China. Das Schiff, mit dem Fa-hien die Rückreise antrat, beförderte 200 Passa-

Fig. 7 Königliches Lustfahrzeug aus dem 6. Jh., Ajanata-Tempel (Archaeological Survey of India, New Delhi)

Fig. 8 Dreimastiges seegehendes Schiff aus dem 6. Jh., Ajanata-Tempel (Archaeological Survey of India, New Delhi)

giere. Es wurde von einem kleinen Schiff begleitet, das im Falle einer Havarie die Passagiere des großen Schiffes übernehmen sollte.

Mit günstigem Wind verließ das Schiff den Hafen, geriet aber nach zwei Tagen in einen Zyklon und wurde leck geschlagen. Anstatt nun die Passagiere zu übernehmen, machte sich das Rettungsschiff aus dem Staube. Nach einer Reihe von Abenteuern erreichte das Passagierschiff schließlich Java. Hier stieg Fa-hien auf ein anderes Schiff über, das ebenfalls eine Kapazität von 200 Passagieren hatte, und segelte nach China. Diese Informationen sind die einzigen authentischen Angaben über die Größe der „Fahrgastschiffe" jener Zeit.

Die Mitnahme eines „Seenotrettungsschiffes" zeigt deutlich, daß die Schiffe hinsichtlich ihrer Seetüchtigkeit zu wünschen übrigließen. Das kann unter anderem auch auf die damals verwendete Verbindungstechnik, nämlich das Nähen, zurückzuführen sein. Als Vorteil dieser Verbindungstechnik ist die im Vergleich mit genagelten oder genieteten Schiffen größere Elastizität der Konstruktion zu nennen.

Genähte Schiffe sind dadurch bei Grundberührung (zum Beispiel beim Landen an Surfküsten) weniger gefährdet. Andererseits begünstigt aber die größere Elastizität das Arbeiten der Planken insbesondere bei großen Schiffen, so daß bei diesen Leckagen häufiger aufgetreten sein dürften als bei kleinen Schiffen. Letztere sind bekanntlich im Seegang wesentlich geringeren Längsbiegebeanspruchungen unterworfen.

Daß Schiffbrüche in der damaligen Zeit nicht selten waren, deuten auch zwei Wandgemälde in den Ajanata-Tempeln* aus dem 5. Jahrhundert an. Auf einem Gemälde ist ein sinkendes Schiff zu sehen. Im Vordergrund treibt ein Schiffbrüchiger auf den Wellen. Das zweite Gemälde zeigt ein havariertes Schiff. Takelage, Ruder und Aufbauten fehlen. Die Plankengänge des Schiffes sind deutlich erkennbar. In der Linienführung ähnelt dieses Fahrzeug mit seinen hoch aufragenden Steven stark den königlichen Lustfahrzeugen. Die Darstellung eines solchen Schiffes (6. Jh.) finden

* Buddhistischer Tempelkomplex, bestehend aus 27 in die Felsen gehauenen Tempeln. Baubeginn im 2. Jh. v. u. Z., Fertigstellung im 7. oder 8. Jh. u. Z.

wir ebenfalls in den Ajanata-Tempeln (Fig. 7). Der Steuermann steht auf einer Leiter, offenbar damit die Sicht nicht zu stark durch die vorgelagerte Kabine und den Vorsteven beeinträchtigt wird. Bug und Heck des Fahrzeuges sind mit je einem „Augenpaar" versehen. Dieses königliche Prunkschiff hat deutliche Gemeinsamkeiten mit seinem 700 Jahre älteren Gegenstück in Sanchi.

Ein weiteres Wandgemälde aus den Ajanata-Tempeln zeigt die früher bereits erwähnte Landung des Prinzen Vijaya in Sri Lanka. Zwischen diesem Ereignis und der Entstehung des Gemäldes (6. oder 7. Jh.) liegt eine Zeitspanne von etwa 1000 Jahren. Deshalb kann mit Sicherheit angenommen werden, daß als Vorlage für den Maler Schiffe aus dem 6. bis 7. Jahrhundert gedient haben. Die auf dem Bilde dargestellten völligen Fahrzeuge werden gerudert. Im Innern des ersten Fahrzeugs sind Querspanten erkennbar. Der Vorsteven trägt einen Kopf und angedeutete Vorderpfoten wahrscheinlich eines Alligators. Die Fahrzeuge, auf die es dem Künstler wohl erst in zweiter Linie ankam, sind im Verhältnis zu den Elefanten und Pferden unterproportioniert dargestellt.

Das wohl aufschlußreichste Wandgemälde aus dem 6. Jahrhundert im Ajanata-Tempelkomplex zeigt ein dreimastiges, seegehendes Schiff mit rechteckigen Segeln (Fig. 8). Die Rahen sind nicht klar erkennbar. Am Vorsteven ist eine Art Klüversegel befestigt. Das Schiff hat ein Deck, und über Bug und Heck ragen kleine Plattformen hinaus. Am Bug des Schiffes erkennen wir, ebenso wie bei dem Lustfahrzeug, an Backbord und Steuerbord je ein Auge. Es ist dies die Symboldarstellung der Augen eines Schutzgottes, der das Schiff sicher über die Meere bis in seinen Bestimmungshafen führt. Später erhielt dieses auch noch heute in Indien anzutreffende Symbol

mehr die Bedeutung eines Amuletts, das den „bösen Blick" von Schiff und Besatzung ablenken und somit vor Neid und Mißgunst schützen soll. Von der „Schutzwirkung" derartiger Amulette wird heutzutage, zum Beispiel beim Bau eines Hauses, noch recht häufig Gebrauch gemacht.

Bug- und Heckkontur unterscheiden sich nicht. Das Schiff gleicht diesbezüglich den von Plinius erwähnten Fahrzeugen.

Unter dem Sonnensegel des Achterschiffes sind Wasserkrüge sichtbar, was darauf hindeuten mag, daß das Schiff eine lange Reise vorhat und deshalb ausreichend mit Frischwasser versorgt wurde. Auffallend ist die Tatsache, daß die drei Masten in der vorderen Hälfte des Schiffes angeordnet sind, offenbar um ausreichend freie Decksfläche zu gewinnen. Die Überlappungen der Segel lassen den Schluß zu, daß der Mittelmast in Schiffsquerrichtung versetzt zu den beiden übrigen Masten angeordnet ist. Das könnte in der Absicht geschehen sein, eine gegenseitige Behinderung der Segel zu vermeiden, denn die Abstände der Masten in Längsrichtung des Schiffes sind sehr gering. Diese Vermutung erscheint weniger ungewöhnlich, wenn man sich vergegenwärtigt, daß die Anordnung in Schiffsquerrichtung versetzter Masten auf chinesischen Segelschiffen nachweisbar ist.

In den Ajanata-Tempeln befindet sich ein weiteres, allerdings stark beschädigtes, Wandgemälde offenbar aus der gleichen Epoche. Es stellt ein zweimastiges und ein einmastiges Schiff dar, die gerade beladen werden. Beide Schiffe haben kein Deck. Die hochaufragenden Masten stehen senkrecht.

Abschließend sei noch vermerkt, daß in Basrah (Irak) ein Terrakottasiegel aus dem 5. Jahrhundert gefunden wurde, auf dem ein Ruderfahrzeug abgebildet ist, in dessen Mitte die indische Göttin Lakshmi steht. Mit dem extrem hochgezogenen Achtersteven ähnelt die Linienführung dieses Fahrzeuges stark dem Prunkboot im Sanchi-Tempel (1. Jh. v. u. Z.).

Mit diesen Ausführungen erschöpfen sich die vorhandenen Informationen über Indiens Wasserfahrzeuge des 3. bis 7. Jahrhunderts.

Schiffe des 11. Jahrhunderts – Yukti Kalpataru

Yukti Kalpataru ist ein Sanskritwerk aus dem 11. Jahrhundert, das einem gewissen Boja Narapati zugeschrieben wird. Es ist die erste in Indien bekanntgewordene Abhandlung über den Schiffbau, der dort, ebenso wie in Europa, zur damaligen Zeit noch als Kunst galt.

Das Buch enthält unter anderem interessante Details über Schiffbaumaterialien sowie eine detaillierte Klassifizierung von Schiffen, die eine nähere Betrachtung verdienen.

Zunächst zu den Baumaterialien. Es werden vier verschiedene Holzarten unterschieden:

Brahmana-Klasse: Leichtes weiches Holz, das ohne besondere Probleme mit jeder beliebigen anderen Holzart verbunden werden kann.

Kshatriya-Klasse: Leichtes hartes Holz. Es kann nicht zusammen mit anderen Holzarten innerhalb einer Konstruktion (zum Beispiel dem Schiffsrumpf) verwendet werden.

Vaisya-Klasse: Weiches schweres Holz.

Sudra-Klasse: Hartes Holz.

Nach Boja bringe ein Schiff, das aus dem Holz der Kshatriya-Klasse gebaut ist, Glück und Wohlstand. Schiffe aus diesem Holz seien vorzugsweise für lange Seereisen zu verwenden, dort also, wo die seeseitigen Verbindungen besonders schwierig aufrechtzuerhalten sind. Boja warnt vor der

kombinierten Verwendung von Hölzern verschiedener Klassen mit gegensätzlichen Eigenschaften, da derartige Konstruktionen nicht dauerhaft seien. Konstruktionen aus solcherart kombinierten Hölzern verrotteten schnell, wenn sie Wasser ausgesetzt würden, und sie seien auch nicht stoßfest.

Ein genereller Konstruktionsgrundsatz verbietet die Verwendung von Eisen zum Verbinden der Bodenplanken seegehender Schiffe. Durch die Verwendung von Eisen, so die Begründung, werde das Schiff dem Einfluß in der See befindlicher Magnetfelsen und damit akuten Gefahren ausgesetzt. Die Planken des Schiffsbodens seien deshalb ohne Verwendung von eisernen Verbindungselementen zusammenzufügen beziehungsweise zu verspunden.

Für die Dekoration der Schiffe werden Gold, Silber und Kupfer sowie eine Legierung aus diesen drei Metallen empfohlen.

Offenbar zur besseren Unterscheidung der Schiffstypen sollen folgende Anstriche gewählt werden:

Schiffe mit vier Masten: weiß

Schiffe mit drei Masten: rot

Schiffe mit zwei Masten: gelb

Schiffe mit einem Mast: blau

Diese Farbgebung dürfte traditionsgebunden und nicht eine Erfindung des Autors gewesen sein. Das dreimastige Seeschiff in den Ajanata-Tempeln zum Beispiel ist rot gestrichen, was der obigen Farbskala entspricht. Noch in unserem Jahrhundert erhielt die zwei- bis dreimastige Patimar einschließlich der Masten vorzugsweise einen roten Anstrich.

Als Galionsfiguren werden die Köpfe von Löwe, Büffel, Schlange, Elefant, Tiger, Vogel (wie Ente, Pfau oder Papagei), Frosch und Mensch verwendet.

Schließlich werden noch Details über die Aufbauten der Schiffe angegeben:

Sarvamandira-Schiffe haben vom Bug zum Heck durchlaufende Aufbauten. Sie werden für den Transport königlicher Schätze sowie von Frauen und Pferden benutzt.

Madhyamandiras haben Decksaufbauten mittschiffs. Diese Schiffe werden von Königen für Lustfahrten verwendet. Sie sind auch zum Gebrauch während der Regenzeit geeignet, wie besonders hervorgehoben wird.

Agramandiras sind Schiffe mit Aufbauten im Vorschiffsbereich. Sie sollen besonders für lange Seereisen in der Trockenzeit sowie als Kriegsschiffe geeignet sein.

Das Werk enthält weiterhin eine detaillierte Klassifizierung der Schiffe nach Größe und Verwendungszweck. Es werden drei Hauptklassen von Schiffen unterschieden:

Gewöhnliche Schiffe *(Samanya)*, die auf Binnenwasserstraßen verwendet werden (Tabelle 3).

Spezialschiffe *(Visesha)*, die auf offener See eingesetzt werden (Tabellen 4 und 5).

Tabelle 3: *Samanya*

Schiffstyp	Länge (m)	Breite (m)	Höhe (m)	L/B	L/H
Kshudra	7,3	1,8	1,8	4	4
Madhyama	11,0	5,5	3,6	2	3
Bhima	18,3	9,1	9,1	2	2
Chapala	21,9	11,0	11,0	2	2
Patala	29,2	14,6	14,6	2	2
Bhaya	32,9	16,5	16,5	2	2
Dirgha	40,2	20,1	20,1	2	2
Patraputa	43,9	21,9	21,9	2	2
Garbhara	51,2	25,6	25,6	2	2
Manthara	54,8	27,4	27,4	2	2

Die ungeraden Werte für die Hauptabmessungen entstanden durch die Umrechnung auf das metrische System. Die L/B- und L/H-Werte wurden den Tabellen für die kritische Wertung der Angaben hinzugefügt.

Nach Boja sollen von den in Tabelle 3 aufgeführten Schiffstypen die nachfolgend genannten Unglück bringen: *Bhima, Bhaya* und *Garbhara*.

Die Spezialschiffe *(Visesha)* sind in zwei Klassen unterteilt: in die *Dirgha*-Klasse (Tabelle 4) und die *Unnata*-Klasse (Tabelle 5).

Tabelle 4: Schiffe der *Dirgha*-Klasse

Schiffstyp	Länge (m)	Breite (m)	Höhe (m)	L/B	L/H
Dirghika	14,6	1,8	1,4	8,1	10,4
Tarani	21,9	2,7	1,8	8,1	12,2
Lola	29,2	3,6	2,7	8,1	10,8
Gatvara	36,6	4,6	3,6	8,0	10,2
Gamini	43,9	5,5	4,1	8,0	10,7
Tari	51,2	6,4	5,0	8,0	10,2
Janghala	58,5	7,3	5,5	8,0	10,6
Plavini	65,8	8,2	6,4	8,0	10,3
Dharini	73,1	9,1	7,3	8,0	10,0
Begini	80,4	10,1	7,8	8,0	10,3

In der Dirgha-Klasse gelten als unglückbringend *Lola, Gamini, Plavini* und alle Schiffe, deren Abmessungen zwischen denen der o. g. Typen und jenen des unmittelbar anschließenden Typs liegen.

Tabelle 5: Schiffe der *Unnata*-Klasse

Schiffstyp	Länge (m)	Breite (m)	Höhe (m)	L/B	L/H
Urdhva	14,6	7,3	7,3	2	2
Anurdhva	21,9	11,0	11,0	2	2
Svarnamukhi	29,2	14,6	14,6	2	2
Garbhini	36,6	18,3	18,3	2	2
Manthara	43,9	21,9	21,9	2	2

Von den Schiffen der Unnata-Klasse soll der *Urdhva*-Typ viel Gewinn bringen, allerdings nur Königen. Die *Anurdhva-, Garbhini-* und *Manthara*-Typen dagegen bringen Unglück.

Nachstehend soll einiges zur Klassifizierung und Bewertung der Schiffe bemerkt werden, da hier augenfällige Unstimmigkeiten vorliegen. Der *Anurdhva*-Typ (Tabelle 5) zum Beispiel soll Unglück bringen, wohingegen das für den *Chapala*-Typ (Tabelle 3) nicht ausgesagt wird, obwohl beide Schiffe gleiche Abmessungen haben. Es wird bei diesen Vergleichen unterstellt, daß in allen Fällen Länge, Breite und Höhe gleich definiert sind. Der einzige Unterschied zwischen den beiden betrachteten Fahrzeugen besteht darin, daß es sich im ersten Fall um ein Seeschiff und im zweiten Fall um ein Binnenschiff handelt. Aber auch innerhalb der Seeschiffe (Tabelle 5) bringen *Anurdhva* und *Garbhini* Unglück, wohingegen für das dazwischenliegende Schiff diese Aussage nicht zutrifft, obwohl alle drei Schiffe die gleichen L/B- und L/H-Verhältnisse aufweisen. Eine wissenschaftlich-technische Erklärung für diese unterschiedliche Beurteilung läßt sich zumindest aus den in den Tafeln enthaltenen Angaben nicht ableiten. Die „Gründe" für Glück oder Unglück dürften auch gar nicht technischer Natur sein. Auch im Indien des 20. Jahrhunderts ist es nämlich immer noch eine alltägliche Erscheinung, daß Tag, Stunde und Ort eines Vorhabens (Hochzeit, Geschäftsabschluß, Kauf eines Schiffes und anderes) durch einen Astrologen festgelegt werden. Die Vermutung erscheint deshalb gerechtfertigt, daß in die obengenannte Bewertung der Schiffstypen auch astrologische „Erkenntnisse" eingearbeitet wurden.

Auch die den Schiffstypen zugeordneten Längen bedürfen einer kritischen Bemerkung. Sie entstehen nämlich durch alternierendes Hinzufügen von L/2, L und so weiter zum Basistyp der Länge 7,3 m (Tabelle 3) beziehungsweise durch Hinzufügen von jeweils L/2, ausgehend vom Basistyp (Tabellen 4 und 5). Die durch diese „Extrapolation", ausgehend von einem kleineren Basistyp, erhaltenen Maximallängen sind unrealistisch. Beispielsweise liegen die Maximallängen hölzerner Binnenschiffe heute bei etwa 30 m und nicht, wie in Tabelle 3 angegeben, bei fast 55 m. Es ist sehr unwahrscheinlich, daß im 11. Jahrhundert derart große Binnenschiffe gebaut wurden.

Auf den ersten Blick könnte man auch die aus den Hauptabmessungen errechneten Verhältniswerte anzweifeln. Selbst ein Laie kann sich (Fig. 9a) ein Schiff mit den zum Beispiel in Tabelle 5 angegebenen Proportionen kaum als seetüchtig vorstellen.

Nun muß man aber wissen, daß im indischen Holzschiffbau für Wasserfahrzeuge mit ausgeprägtem Balkenkiel auch heute noch die Kiellänge die Bezugsgröße für die Festlegung von Stevenlängen, Masthöhen, Schiffsbreite und anderes darstellt. An der Konkanküste wird für Segelfahrzeuge noch heutzutage ein L/B-Verhältnis von 1,7, bezogen auf die Kiellänge, angegeben. Dieses Verhältnis steht in recht guter

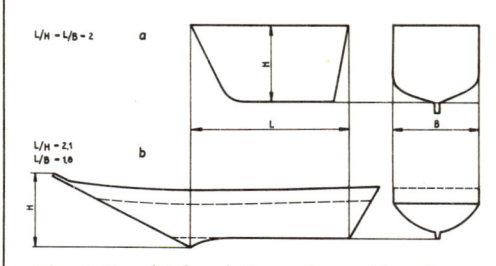

Fig. 9 Vergleichende Betrachtung über die Bildung von Verhältniswerten der Hauptabmessungen eines Schiffes

a übliche Definitionen der Hauptabmessungen
b aus der Baufolge des Schiffes abgeleitete Definitionen der Hauptabmessungen

Übereinstimmung mit den Angaben der Tabellen 3 und 5. Fig. 9b zeigt vergleichsweise den Rumpf einer Pattimar. Auch hier liegt das L/B-Verhältnis (L bezogen auf Kiellänge) nahe dem der Tabellen 3 und 5.

Ebenso sollte der Begriff Seitenhöhe nicht, wie im modernen Schiffbau, als Abstand vom Kiel bis Seite Oberdeck mittschiffs verstanden werden. Der Bau des Holzschiffes beginnt mit der Kiellegung. Sodann werden Vor- und Achtersteven gestellt, deren Längen auf der Grundlage von Erfahrungswerten als Funktion der Kiellänge festgelegt worden sind. Nach dem Stellen der Steven sind also die wesentlichen Fixpunkte des Schiffes der Höhe nach vorhanden. Anschließend erfolgt das Aufplanken des Schiffes. Die Seitenhöhe mittschiffs ist also für den Schiffbaumeister kein Maß, das etwa wie die Stevenlänge, Mastlänge und so weiter genau vorgeschrieben ist. Verstehen wir also die Höhe wie in Fig. 9b dargestellt, so gelangen wir wieder in gute Übereinstimmung mit den Angaben der Tabellen 3 und 5. Für das Dreimastschiff aus den Ajanata-Tempeln schließlich läßt sich so ein L/H-Wert von etwa 2,3 abschätzen.

Bezüglich des L/B-Verhältnisses der Schiffe in der Tabelle 4 erscheinen die Feststellungen indischer Historiker (L. Gopal, A. L. Basham) ungerechtfertigt, wenn sie behaupten, daß die Schiffsbreiten viel zu gering seien, woraus Zweifel an der Seetüchtigkeit dieser Schiffsklasse abgeleitet werden. Für die großen Fischerboote der Malabarküste (Koru Vallam) ist der entsprechende L/B-Wert etwa 11, wie der Autor durch Aufmessen einer Reihe von Fahrzeugen nachweisen konnte. Dieser Wert liegt also noch beträchtlich über den in der Tabelle 4 angegebenen Verhältniswerten. Die 15 bis 17 m langen schlanken Boote werden in größerer Stückzahl an den Surfküsten Südwestindiens für den Fischfang eingesetzt, und es bestehen keine Zweifel an ihrer Seetüchtigkeit. Diese Fahrzeuge haben keinen ausgeprägten Kiel. Sie sind teilweise als Einbäume hergestellt. Falls sie als geplankte Fahrzeuge gebaut werden, gilt eine völlig andere Bautechnologie als die eingangs beschriebene. Diskussionen mit indischen Bootsbauern ergaben, daß in beiden Fällen (Einbaumkanu und auch geplanktes Fahrzeug) der Kiel nicht als Bezugsmaß für die Festlegung der Hauptabmessungen des Fahrzeuges dient, sondern dessen Gesamtlänge.

Die vorstehenden Betrachtungen machen deutlich, daß das Werk „Yukti Kalpataru" neben einer Reihe offensichtlich unrealer Angaben auch einige wertvolle konkrete Informationen enthält. Wir müssen bei deren Bewertung bemüht sein, diese soweit wie möglich aus den Gepflogenheiten der damaligen Zeit (bezüglich der Bautechnologie und der damit zusammenhängenden charakteristischen Schiffsparameter) zu verstehen und zu deuten.

Transport- und Kriegsschiffe des 8. bis 13. Jahrhunderts auf Tempelreliefs und Gedenksteinen

Indien hatte im 1. Jahrhundert maritime Kontakte mit Java. Bereits im 2. Jahrhundert erfolgte dann eine schrittweise Kolonisierung Javas und anderer Teile Indonesiens durch Indien.

Etwa um 750 wurde der berühmteste Tempel Javas in Borobudur errichtet. Dieser riesenhafte Buddhistentempel weist die stattliche Anzahl von 1500 Wandreliefs auf. Sieben davon enthalten Darstellungen ein- und zweimastiger Seeschiffe, von denen allgemein angenommen wird, sie seien in ihrer Konstruktion maßgeblich durch den indischen Schiffbau beeinflußt worden.

Alle zweimastigen Schiffe sowie ein einmastiges Schiff haben Ausleger in der Art, wie sie von Kanus allgemein bekannt sind. Diese Seeschiffe mit Auslegern erinnern an das im Rgveda beschriebene Schiff mit Flügeln.

Der Ausleger besteht aus mehreren Stämmen, die mit Seilen zusammengebunden sind. Er wird durch Querhölzer fest mit dem Schiffskörper verbunden. Diese wiederum sind durch Längsverstrebungen ausgesteift (Abb. 9).

Auf den eigentlichen Schiffsrumpf ist noch ein über die gesamte Schiffslänge reichender Aufbau gesetzt. Dadurch wird ein durchlaufendes Deck geschaffen, auf dem die Mannschaft unbehindert die Segel bedienen kann. Unter dem Deck ist Raum für Ladung, Passagiere, aber auch für Ruderer, wie auf einigen Reliefs erkennbar, vorhanden.

In Verlängerung des Vor- und Achterstevens sind Wellenbrecher aus Bambus angeordnet. Durch die Aufbauten wird der

Schwerpunkt des Schiffes offenbar so weit nach oben verlagert, daß zur Gewährleistung der erforderlichen Stabilität des Schiffes im Seegang die Anordnung von Auslegern erforderlich wird.

Wie bei den Schiffen der Ajanata-Tempel finden wir an Bug und Heck der Schiffe Abbildungen von Augen. Die meisten Schiffe auf den Reliefs von Borobudur haben einen ausgeprägten Deckssprung.

Die Masten haben vorlichen Fall und sind mit dicken Tauen abgestagt. Die Segel haben eine Rechteck- oder eine leichte Trapezform. Am Bugspriet ist ein offenbar dreieckiges Segel befestigt. Wenn viel Segelfläche gesetzt war, wurde ein Teil der Besatzung auf den Ausleger geschickt, um dessen Wirkung zu verstärken.

Auf einem der Bilder erkennt man neben dem eigentlichen Schiff ein kleineres Segelschiff, welches, wie wir aus Fa-hiens Bericht wissen, das große Schiff begleitete, um erforderlichenfalls als Seenotrettungsfahrzeug eingesetzt zu werden.

Neu im Vergleich zu den bisher behandelten Darstellungen seegehender Schiffe (Andhara Münzen, Gemälde in den Ajanata-Tempeln) sind bei den Schiffen von Borobudur der durchlaufende Aufbau, der Ausleger sowie die Schrägstellung der Rahen.

Von Binnenschiffen gibt es in dieser Zeitspanne lediglich das Relief eines königlichen Lustfahrzeuges aus dem 12. Jahrhundert im Jagannath-Tempel (Puri). Seine Konstruktion gleicht weitgehend der entsprechenden Schiffsdarstellung des Ajanata-Tempels aus dem 6. Jahrhundert (Fig. 10).

Ein weiteres erwähnenswertes Merkmal der Schiffe aus dem Borobudur-Tempel ist die zunehmende Differenzierung von Vor- und Achtersteven. Wir werden das gleiche auch bei den nun zu behandelnden Kriegsschiffen feststellen können.

Fig. 10 Königliches Lustfahrzeug aus dem 12. Jh., Jagannath-Tempel, Puri (nach R. K. Mookerji)

In Bombay und Goa sind Heldengedenksteine überliefert. Sie wurden zum Gedenken an Heerführer errichtet, die in Seeschlachten gefallen waren. Neben Kampfszenen enthalten die Gedenksteine auch Szenen, die zeigen, wie der Gefallene nach dem Tode himmlischer Freuden teilhaftig wird.

Das archäologische Museum in Goa zählt zu seinen Exponaten vier dieser Steine aus dem Mittelalter. Einer von ihnen erinnert an eine Seeschlacht im 13. Jahrhundert. Er enthält zwei Schiffsdarstellungen (Abb. 10). An Deck des vorderen Schiffes ist deutlich ein mit Pfeil und Bogen bewaffneter Kämpfer zu sehen. Das Schiff wird durch Ruderer vorangetrieben, deren Sitzbänke im Mittschiffsbereich unter dem Plattformdeck angeordnet sind. Die Ruderer sind dadurch wenigstens teilweise vor Pfeilen und anderen Geschossen geschützt und behindern die Soldaten an Deck nicht bei ihren Kampfhandlungen. Im Achterschiff ist eine erhöhte Plattform erkennbar. Das Schiff weist einen ausgeprägten Sprung auf.

Ein anderes Relief aus Goa zeigt ein Kriegsschiff des 12. Jahrhunderts mit vier Ruderern auf jeder Seite. Das Deck ist von

Fig. 11 Galeerenartige indische Kampfschiffe
des 11. bis 13. Jahrhunderts (Darstellungen auf Heldengedenksteinen in
der Nähe von Bombay)
(nach M. Chandra)

neun Teildarstellungen von Seeschlachten zu sehen. Im Vordergrund erkennt man geruderte Langboote, meist ohne Mast, mit 12 bis 40 Ruderern. Im Hintergrund sind zahlreiche Masten sichtbar, die aber keine Segel tragen, das heißt, die Positionsveränderungen der Schiffe erfolgten während der Schlacht durch Rudern. Die Ruderer sind teilweise durch die Bordwände geschützt, und die Ruder ragen durch Öffnungen in den Bordwänden. Einige der Schiffe haben ein Deck, so daß die Ruderer unter Deck sitzen und die Soldaten sich an Deck befinden. Die kleineren Schiffe auf den Reliefs mögen für Hilfsdienste verwendet worden sein (Abschleppen beschädigter Schiffe und anderes).

Besonders die größeren Kriegsschiffe haben wenig Sprung, aber einen spitzen hoch aufragenden Vorsteven sowie einen niedrigeren aber steileren Achtersteven (Fig. 11).

hinten bis ins vordere Drittel des Schiffes durchlaufend. Achtern erkennen wir einen kurzen Aufbau. Die Sitzbänke der Ruderer sind unter Deck angeordnet. Das Schiff ist auf einen Wagen geladen und wird offensichtlich über Land transportiert (Abb. 11).

Ein weiterer aus dem Mittelalter stammender Heldengedenkstein zeigt drei ungedeckte Schiffe mit ausgeprägtem Sprung. In zweien dieser Schiffe sind mit Speer und Schild bewaffnete Krieger zu sehen, die gegeneinander kämpfen. Das dritte Schiff ist nicht besetzt. Im Vordergrund liegt ein gefallener Kämpfer (Abb. 12).

Eine der Kampfszenen auf dem vierten Gedenkstein (15. Jh.) zeigt mit Schild und Schwert bewaffnete Krieger im Gefecht. Im Hintergrund liegen auf See zwei Schiffe. Eines hat einen achterlichen Aufbau. Es ist dicht mit Kämpfern besetzt. Einer von ihnen, ein Bogenschütze, schießt gerade einen Pfeil ab. Der Gedenkstein ist beschädigt, so daß nur Teile des zweiten Schiffes erkennbar sind.

Weitere Einzelheiten über Kriegsschiffe der damaligen Zeit finden sich auf Gedenksteinen nahe Bombay, die ins 11. bis 13. Jahrhundert datiert werden.

Auf vier Gedenksteinen sind insgesamt

Reisende des Mittelalters berichten über Indiens Seeschiffbau

Verbindung und Abdichtung der Planken

Anhaltspunkte für die Anwendung des „Nähens" zum Verbinden der Schiffsplanken fanden wir bereits in der Harappa-Periode. Die buddhistische Paliliteratur erwähnt explizit die Anwendung dieser Verbindungstechnik. Mittelalterliche Berichte enthalten ebenfalls Beschreibungen darüber. Der persische Historiker Ibn Batuta verbrachte 24 Jahre seines Lebens auf Reisen (1325 bis 1349), die ihn mehrfach nach Indien führten.

Er berichtet, daß indische Schiffe genäht sind. Zur Herstellung der zum Nähen verwendeten Seile werden die Fasern der Außenhülle der Kokosnuß benutzt. Die Ko-

kosnußhüllen werden in Gruben gelegt, dort gegerbt und anschließend mit Stöcken geschlagen, bis sie in einzelne Fasern zerfallen. Die Fasern werden von Frauen versponnen und Seile daraus gefertigt. Als Begründung für die Anwendung des Nähens erklärt Ibn Batuta, daß „der Indische Ozean . . . voll von Riffen ist, und wenn ein Schiff mit eisernen Nägeln zusammengenagelt ist, zerbricht es, wenn es auf einen Felsen aufläuft, wohingegen wenn es mit Seilen zusammengenäht ist, es eine gewisse Elastizität erhält und nicht in Stücke zerfällt".

Auch der Portugiese Vasco da Gama, der nach Umrundung des Kaps der Guten Hoffnung 1498 in Calicut landete, gibt eine Beschreibung der dortigen Schiffe. Er erwähnt, daß ihre Beplankung mit Kokosfaserschnüren zusammengenäht und sehr fest ist, so daß die Verbände des Schiffes in der Lage sind, die Seegangsbelastungen aufzunehmen. Auch die Spanten sind mit den Planken durch Kokosfaserseile verbunden, und die Verbände sind so fest, als wenn sie genagelt wären.

Im Gegensatz zu Vasco da Gama äußern sich andere Reisende in ihren Berichten skeptisch über die Haltbarkeit genähter Plankenverbindungen.

Methwold beschreibt 1618 aus Bengalen kommende kleinere Schiffe, die völlig genäht sind und keinerlei Eisen enthalten.

Es wird weiter berichtet, daß die Nähte der Schiffe, wenn diese in der Seefahrt eingesetzt sind, einmal jährlich durchgesehen und, wo erforderlich, repariert werden.

Beim Nähen stoßen die Plankennähte und -stöße stumpf zusammen, das heißt, das Schiff hat eine Karweelbeplankung.

Nähen war aber nicht die einzige im Mittelalter im indischen Schiffbau verwendete Verbindungstechnik. Der venezianische Kaufmann Marco Polo, der 1292 in Indien weilte, berichtet, daß die Planken indischer

Schiffe mit Nägeln befestigt wurden. Auch der Italiener Ludovico de Varthema, der nur wenige Jahre nach Vasco da Gama eine Beschreibung der Schiffe von Calicut gab, vermerkt, daß zum Vernageln der Planken eine „ungeheure Menge eiserner Nägel" verwendet wurde.

Aus diesen Informationen können wir schließen, daß in jener Periode im indischen Schiffbau beide Verbindungstechniken nebeneinander bestanden haben.

Im Gegensatz zum europäischen Schiffbau, wo das Abdichten der Planken durch Kalfatern allgemein üblich war, war die Nut-und-Feder-Verbindung im indischen Schiffbau des Mittelalters offenbar weit verbreitet. Bei dieser Fügetechnik entfällt das Kalfatern. Varthema schreibt, daß „sie kein Werg zwischen die Planken tun . . ., aber sie verbinden die Planken so gut, daß sie das Wasser ausgezeichnet fern halten". Er bemerkt aber, daß dies nicht etwa deshalb geschähe, weil kein Werg verfügbar sei. Werg werde zwar importiert, sei aber im Überfluß vorhanden. Die indischen Schiffszimmerleute seien jedoch nicht damit vertraut, Werg für den Schiffbau zu verwenden. Ebenso behaupten andere Autoren, daß sie bei indischen Schiffen keinerlei Kalfaterung festgestellt haben. Englische Quellen um 1670 erwähnen, daß im indischen Schiffbau die Planken ineinander „eingelassen" sind. Diese Verbindung sei sehr dauerhaft und erfordere kein Kalfatern. Allerdings werden Nahtstellen mit geringer Paßgenauigkeit durch zwischengelegte Packungen aus geteertem Leinentuch gedichtet.

Daß die Nut-und-Feder-Technik zumindest zeitweise weit verbreitet gewesen sein dürfte, unterstreicht folgende Episode. Um 1650 wurde einem indischen Prinzen ein Schiff europäischer Bauart übersandt. Seine zuständigen Beamten wiesen es jedoch zurück, weil es kalfatert

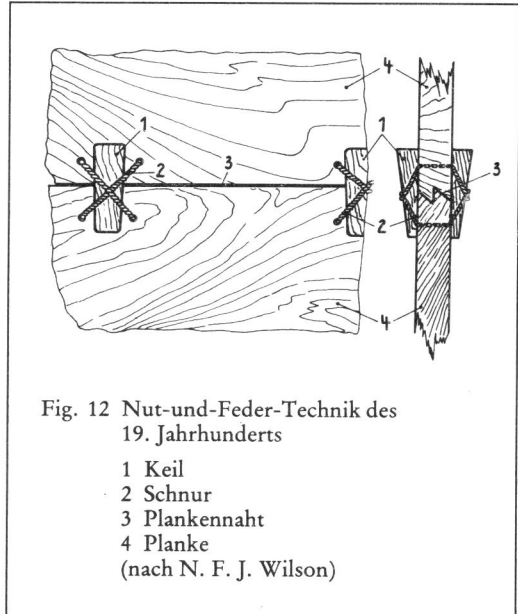

Fig. 12 Nut-und-Feder-Technik des
19. Jahrhunderts

1 Keil
2 Schnur
3 Plankennaht
4 Planke
(nach N. F. J. Wilson)

war, eine ihnen nicht bekannte Technik.

Die Anwendung der Nut-und-Feder-Technik ohne Dichten der Nähte schließt ein, daß die indischen Schiffszimmerleute zu höchster Qualität und Genauigkeit in der Fertigung von Schiffskörpern befähigt waren. Welche Fugenformen angewandt wurden, ist aus dieser Zeit nicht überliefert. Zur Erläuterung dieses Verfahrens sei auf eine im 19. Jahrhundert im indischen Schiffbau verwendete Nutform zurückgegriffen.

Die Form der Plankenfuge ist in Fig. 12 dargestellt. In die Fuge wird offenbar wegen unzureichender Paßgenauigkeit zur Dichtung eine Lage Baumwollfasern mit Kitt (Lambi genannt) eingelegt.

Lambi ist eine Mischung aus einheimischem Harz und einem besonderen Samenöl, die gekocht und anschließend zu einer Paste verknetet wird. Danach werden die Planken leicht zusammengezogen, indem die Keile hinter die kreuzweise angeordneten Schnüre getrieben werden. Die Planken werden dann mit den Spanten verna-

gelt. Die Köpfe der Nägel sind versenkt und werden mit einer Schicht Lambi überzogen. Die Vorteile dieser Verbindungstechnik werden dadurch gemindert, daß Reparaturarbeiten relativ kompliziert sind.

Jedoch wurde das Kalfatern ebenfalls, möglicherweise aber nicht überall und vielleicht auch nur in beschränktem Umfange, im indischen Schiffbau angewandt. Von Marco Polo erfahren wir, daß Schiffsplanken mit Werg kalfatert wurden.

Die Planken wurden mit einheimischem Pech oder Teer gestrichen, um die Fugen zu dichten und das Holz zu konservieren. Pech stellte man her, indem 2/3 Dammar (ein Gemüseabsud) und 1/3 Öl gemischt und gut verkocht werden. Das Pech muß verstrichen werden, solange es heiß und flüssig ist. Nach dem Erkalten erhärtet es und wird auch bei Sonneneinstrahlung nicht wieder weich. Diese Mischung soll europäischen Produkten mindestens gleichwertig gewesen sein. Ferner wurde zur Schiffsbodenkonservierung ein Anstrich, bestehend aus einem Gemisch von ungelöschtem Kalk, Hanf und dem Öl eines speziellen Baumes verwendet. Diese Mischung, so heißt es, behält ihre Viskosität besser als Pech.

Die Außenhaut mußte aber auch gegen den Fraß des Seewurms geschützt werden, der besonders im Golf von Cambay wegen der von ihm angerichteten Schäden berüchtigt war. Ein möglicher Schutz bestand aus einem Kalkanstrich, der wenigstens einmal jährlich aufgebracht wurde. Der Kalk wird mit speziellem Öl und Harz gemischt. Eine dünne Schicht dieser Mixtur wird auf die Planken aufgetragen. Sie härtet innerhalb eines Tages aus und bildet eine harte Schicht, die den Seewurm (Toredo Navaties) von den Planken fernhält.

Ferner wird von dem arabischen Geograph Al-Idrisi (12. Jh.) berichtet, daß kleine Wale erlegt werden und ihr Fleisch solange gekocht wird, bis es in eine dickflüssige Masse übergeht. Diese wird zum Abdichten des Schiffsbodens, aber auch zum Schutze gegen den Seewurm aufgebracht. Darüber hinaus war es auch üblich, eine zweite Bodenbeplankung aufzubringen.

Marco Polo berichtet, daß alle Schiffe ursprünglich eine derartige Doppelbeplankung haben. Nach einem Jahr wird eine dritte Plankenlage aufgebracht. Es kann jedoch als Übertreibung angesehen werden, wenn er hinzufügt, daß erforderlichenfalls bis zu sechs Beplankungen aufgebracht werden.

Der Italiener Nicolo Conti, der 1410 nach Indien kam, erwähnt Schiffe mit mehreren Plankenlagen. „Der untere Teil (der Schiffe, d. V.) ist mit dreifachen Planken gebaut, um der Gewalt der Stürme zu widerstehen, welcher sie häufig ausgesetzt sind." Die Anordnung mehrerer Plankenlagen hat also einem doppelten Zweck gedient.

Der Verschleiß der Ruder bereitete ebenfalls Probleme beim Einsatz des Schiffes. Um dem zu begegnen, wurden die Ruderkanten im 17. Jahrhundert mit Kupferblech beschlagen.

Konstruktive Gestaltung

Nach Marco Polo hatten im 13. Jahrhundert die größeren Seeschiffe gewöhnlich ein Deck. Der Raum unterhalb des Decks war in 60 kleine Kabinen (entsprechend der Größe des Schiffes einige mehr oder weniger) unterteilt. Jede Kabine war ausreichend groß, um einem Kaufmann Unterkunft zu gewähren. Einige der größeren Schiffe hatten bis zu 13 Schotte. Diese bestanden aus dicken, vernuteten Planken und bildeten somit wasserdichte Unterteilungen des Schiffsrumpfes. Wasserdichte Abteilungen werden mehr als 200

Jahre später auch in den Aufzeichnungen des Italieners Nicolo Conti erwähnt. Diese für die damaligen Zeiten bemerkenswerte konstruktive Neuerung sollte sicherstellen, daß im Falle eines Wassereinbruches (zum Beispiel infolge einer Grundberührung) das Schiff trotzdem seine Reise fortsetzen konnte. Auch war es möglich, die Ladung aus den beschädigten Räumen wenigstens teilweise umzuladen und damit vor dem Verderb zu schützen.

Eine Unterteilung des Laderaumes in Kammern und Abteilungen, so erfahren wir aus Vasco da Gamas Aufzeichnungen, setzt nicht notwendigerweise ein durchlaufendes Deck voraus. Die Ladung wird in den einzelnen Abteilungen so verstaut, daß sie maximal bis zur Oberkante der Beplankung des Schiffsrumpfes reicht. Darüber sind in Verlängerung der Bordwand sehr dicke Segeltuchplanen angeordnet, die mit Bitumen getränkt sind, das vorher zusammen mit Kokosnuß- oder Fischöl gekocht wurde. Über den Segeltuchplanen sind geflochtene sehr feste, wasserdichte Rohrmatten entlang der gesamten Schiffslänge angeordnet. Durch diese Konstruktion entsteht eine Art Schanzkleid. Eine ähnliche Art von aufgesetzter Bordwand mag es auch gewesen sein, die den Schiffen von Borobudur ein so unförmiges Aussehen verleiht.

Marco Polo läßt uns wissen, daß die großen Segelschiffe auch mit einem guten Ruder ausgerüstet waren. Vasco da Gama gibt eine genaue Beschreibung derselben. Die Ruder seien sehr groß. An beiden Schiffsseiten befinden sich außenbords Trossen, mit denen das Ruder gelegt wird. Offenbar waren die Trossen beiderseits am Ruderblatt befestigt. Wenn nun das Ruder zum Beispiel steuerbord gelegt werden sollte, so wurde das Ruderblatt durch Ziehen der Steuerbordtrosse in die gewünschte Lage gebracht.

Die Schiffe von Calicut, so erfahren wir von Varthema, hatten Marmoranker, die an jeweils zwei starken Seilen befestigt waren. Vasco da Gama beobachtete die Verwendung von Ankern aus Hartholz. Die Anker sind durch am Ankerschaft befestigte Steine beschwert, damit der Anker das erforderliche Gewicht erhält, zum Meeresboden herabsinkt und sich dort eingräbt.

Erst im 17. Jahrhundert werden auf indischen Werften eiserne Anker gefertigt. Es handelt sich dabei um gußeiserne und wahrscheinlich auch um schmiedeeiserne Anker.

Das Tauwerk indischer Schiffe war aus Kokosfasern gefertigt.

Aus den Berichten können wir auch einiges über die Takelage der indischen Schiffe entnehmen. „Größere" Schiffe, so Marco Polo, haben vier Segel und ebensoviele Masten. Der nächste in der zeitlichen Reihenfolge ist Nicolo Conti, aus dessen Aufzeichnungen wir folgende Passage entnehmen: „Die Eingeborenen Indiens bauen einige Schiffe, die größer sind als unsere, ...mit fünf Segeln und ebensovielen Masten."

Von Vasco da Gama schließlich erfahren wir mit besonderer Bezugnahme auf den Hafen von Calicut, daß die Schiffe nur einen großen Mast haben. Er ist nach beiden Seiten abgestagt, hat ein Vorstag und zwei Fallen, die zum Heck des Schiffes führen. Letztere tragen dazu bei, den Mast abzusteifen. Die Rah ist so am Mast angeordnet, daß sich ein Drittel derselben vor und zwei Drittel hinter dem Mast befinden. Das Achterliek des Segels ist um ein Drittel länger als das Vorliek. Die Segel sind sehr flach geschnitten und gestatten damit den Schiffen, hoch am Wind zu segeln. Varthema ergänzt noch, daß die Segel aus Baumwolle sind.

Größe der Schiffe

Marco Polo gibt uns qualitative Informationen über die Größe der Schiffe. Er sah Schiffe mit 150 und 200 Mann Besatzung und Schiffe einer Größe, welche etwa 300 Mann Besatzung erfordert. Diese Schiffe konnten 5000 bis 6000 Korb Pfeffer transportieren. Sie wurden gesegelt und gerudert, wobei zum Betrieb eines Riemens vier Mann erforderlich waren. Die Schiffe wurden gewöhnlich von zwei bis drei anderen Fahrzeugen begleitet. Letztere hatten 60 bis 100 Mann Besatzung und eine Ladefähigkeit von 1000 Korb Pfeffer. Diese Schiffe wurden oft eingesetzt, um das große Fahrzeug zu schleppen. Das große Schiff führte ferner 10 kleine Boote mit sich, die, ähnlich wie Rettungsboote heute, seitlich am Schiff befestigt waren. Sie dienten zum Ankerausbringen, Fischen etc. Es sei hier vermerkt, daß teilweise Zweifel aufgekommen sind, ob Marco Polo in seinem Bericht von in Indien gebauten oder nur von im Seehandel Indiens verwendeten (chinesischen) Schiffen spricht. Die Zweifel bestehen primär deshalb, weil Marco Polo als verwendetes Schiffbaumaterial Fichtenholzarten erwähnt, die aber in Tropengebieten nicht vorkommen.

Es gibt einige weitere konkrete Angaben über die Hauptabmessungen indischer Schiffe. Ein Schiff aus Surat, das 1612 vermessen wurde, hatte eine Länge von 46,7 m. Die Breite betrug 12,8 m, die Seitenhöhe 9,5 m. Geschätzt wurde das Schiff auf 1500 t. Ein weiteres in der gleichen Zeit vermessenes Schiff hatte die gleichen Hauptabmessungen, jedoch nur 1200 t. Die Länge des Hauptmastes und die Rahlänge werden mit 32,9 beziehungsweise 40,3 m angegeben.

1610 beschlagnahmten die Engländer ein indisches Schiff aus Gujarat von 2000 t. Dieses Schiff dürfte, wenn man von den

Verhältniswerten der beiden obengenannten Schiffe ausgeht, eine Länge von etwa 54 m gehabt haben. Legt man die bereits früher zitierten chinesischen Konstruktionsrichtlinien zugrunde, so dürfte es sich in den beiden erstgenannten Fällen um 4-Mast-Schiffe (Länge = 45,8 m, entspricht vier Masten) und im letztgenannten Fall um ein 5-Mast-Schiff (Länge = 55 m, entspricht fünf Masten) gehandelt haben. Nach diesen Überlegungen erscheinen auch die Angaben von Marco Polo und Nicolo Conti über die Zahl der Masten durchaus glaubwürdig.

Zentren des Schiffbaus im 16. und 17. Jahrhundert

Im 16. und insbesondere 17. Jahrhundert bietet sich folgendes Bild hinsichtlich der Werften, die vorrangig für den Bau von Seeschiffen verwendet wurden (Fig. 13).

Im Nordwesten bestanden Werften an den Flußufern im Indusgebiet an solchen Stellen, wo gutes Schiffbauholz reichlich verfügbar war. Hier wurden Binnen-, aber auch Seeschiffe gebaut. Zum Beispiel baute man in Lahore (jetzt Pakistan) und Srinagar Seeschiffe, welche über die Flußläufe zum Arabischen Meer überführt werden mußten. Das war nicht immer problemlos, denn die verhältnismäßig großen, für den Seeverkehr ausgelegten Fahrzeuge ließen sich mitunter nur schwer auf den Flußläufen manövrieren. Es wird von einem Fall berichtet, wo ein Seeschiff mit einer Länge von 30,1 m auf ein großes floßartiges Binnenwasserfahrzeug (Kishti genannt) geladen und flußabwärts transportiert wurde. Die Kishti hatte eine Tragfähigkeit von 15000 Maund, das sind etwa 375 t. (In der Regierungszeit Akbars betrug in Nordindien ein Maund etwa 25 kg.)

Ein wichtiges Zentrum des indischen Schiffbaus befand sich im Golf von Cambay (Gujarat). In Surat, Diu, Broach, Cambay und an anderen Stellen waren Werften für den Seeschiffbau (Fig. 13). Surat war in jener Zeit das wohl bedeutendste Schiffbauzentrum der indischen Westküste. Die größten hier gebauten Schiffe überschritten die 1000-t-Grenze. Aus dem Schiffbau Surats ist die Verwendung einfacher Dockanlagen bekannt. An den Uferbänken der Flüsse wurden längliche als Trockendocks dienende Gruben ausgehoben. Während des Baus der Schiffe wurden die Docks gegen den Fluß hin durch einen Erdwall verschlossen. Nachdem das Schiff fertiggebaut war, wurde der Erdwall entfernt. Infolge des während der Flut ansteigenden Wasserspiegels schwamm das Schiff auf und konnte nun aus dem Dock in den Flußlauf verholt werden.

Die in Gujarat gebauten Schiffe hatten einen so guten Ruf, daß die Holländer 1621 begannen, in Surat Schiffe zu kaufen.

Rohstoffe wie Pech, Teer, Seile und Eisennägel wurden wahrscheinlich von der Malabarküste importiert.

Weiter südlich an der Konkanküste* existierte eine Reihe von Werften, von denen Bassein, Thana, Alibag, Goa und Vijayadurg genannt seien.

Bassein lag in einer holzreichen Gegend und exportierte Teakholz bis nach Mekka, wo es zum Bau türkischer Schiffe verwendet wurde. Auch das gesamte Holz für die Werften in Goa wurde von Bassein geliefert.

Die an der Konkanküste gebauten Schiffe standen den portugiesischen nicht nach, wie folgender Fall illustriert. 1540 wurde eine portugiesische Expedition von Bassein nach dem weiter nördlich gelegenen Agashi entsandt, wo auf einer Werft

* Küstenbereich zwischen dem nördlich von Bombay gelegenen Bassein und Karwar. Letzteres liegt südlich von Goa.

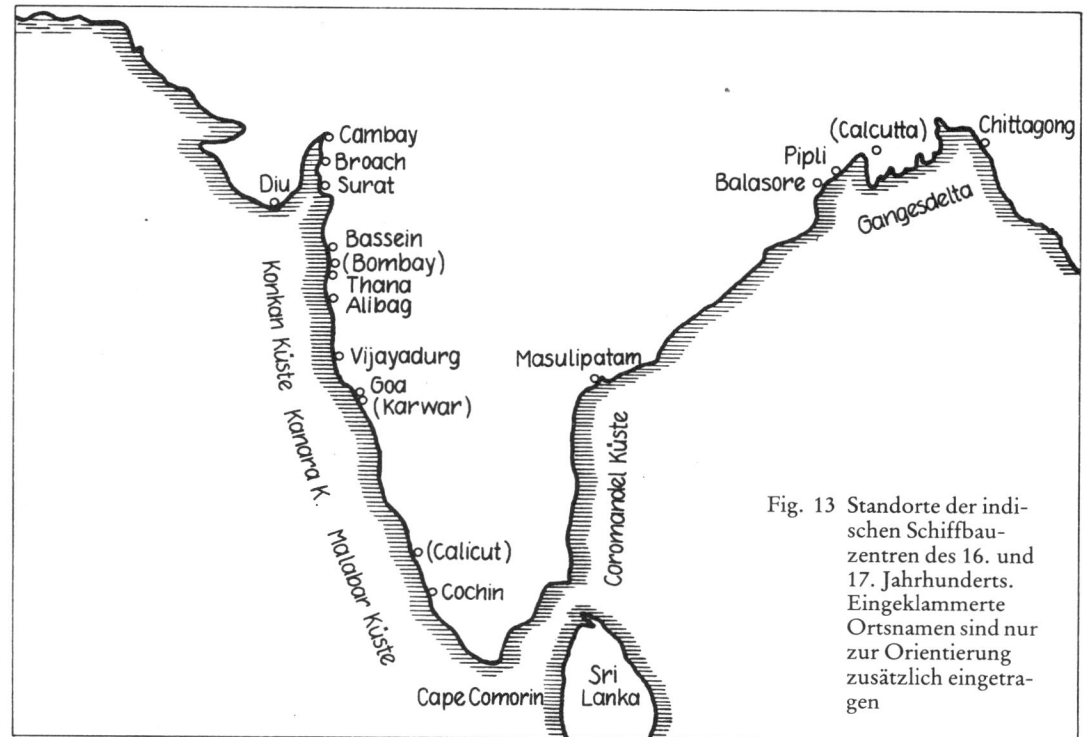

Fig. 13 Standorte der indischen Schiffbauzentren des 16. und 17. Jahrhunderts. Eingeklammerte Ortsnamen sind nur zur Orientierung zusätzlich eingetragen

gerade ein großes Schiff zum Stapellauf vorbereitet wurde. Es wurde beschlagnahmt und machte mehrere Fahrten zwischen Indien und Portugal.

Ähnlich wie Bassein lag auch Thana im Bereiche ausgedehnter Teakholzwälder. Der Flußlauf, an dem es lag, hatte genügend Wassertiefe, so daß auch größere Schiffe zum Arabischen Meer überführt werden konnten. In Vijayadurg wurden die bekannten Kampfschiffe der Marathas, die *Grabs* und *Gallivats*, gebaut.

Die Malabarküste* hatte bereits um die Zeitenwende einen ausgedehnten Seehandel mit Rom, Arabien und anderen Ländern. In der Hafenstadt Cochin hatte sich ein Zentrum des Schiffbaus herausgebildet, lange bevor die Portugiesen an der Mala-

barküste landeten. Sie müssen sich aber recht bald von der Qualitätsarbeit der indischen Schiffszimmerleute überzeugt haben. In den Archiven von Lissabon wird nämlich eine Liste aufbewahrt, welche die Namen von Schiffen enthält, die im 16. Jahrhundert in Cochin gebaut wurden. Im 17. und 18. Jahrhundert wurden auf insgesamt sechs Werften Cochins Schiffe gebaut.

1500 kaperten die Portugiesen ein Schiff von 600 t, das dem Raja von Cochin gehörte. Die Größe dieses Schiffes übertraf jene der portugiesischen Schiffe bei weitem.

Als die Portugiesen 1516 gegen den Sultan von Aden zogen, war in ihrer Flotte auch ein mit indischen Hilfstruppen besetztes, in Cochin gebautes Schiff. Dieses Fahrzeug faßte 800 Soldaten. Mit diesen Angaben erhalten wir eine wenigstens

---

* Erstreckt sich vom Cape Comorin bis zum nördlich Calicut gelegenen Cannanore.

35

grobe Vorstellung von der Größe der Schiffe jener Zeit. Das Prädikat „in Cochin gebaut" hatte zur damaligen Zeit einen hohen Stellenwert.

Im Nordosten Indiens war in Orissa, besonders aber in Bengalen, Schiffbauholz reichlich verfügbar, so daß hier von jeher gute Voraussetzungen für den Schiffbau gegeben waren.

Chittagong (jetzt Bangladesh) war weithin berühmt wegen der Qualität seines Bauholzes. Die Werften von Chittagong bauten im 17. Jahrhundert eine Vielzahl nach Typ und Größe unterschiedlicher Wasserfahrzeuge, darunter auch zahlreiche Kampfschiffe. Für die Qualität der hier gebauten Schiffe spricht zum Beispiel, daß sie durch die Sultane von Konstantinopel eine hohe Wertschätzung erfuhren. Die an den Flußufern von Chittagong lebenden Balams waren berühmte Schiffbauer. Ihre Nachkommen bauen auch heute noch die nach ihnen benannten „Balami"-Boote.

Schiffe von 400 bis 600 t wurden im Mündungsgebiet des Ganges in den Orten Hugli, Jessore und Pipli sowie in Balasore (Orissa) gebaut. Balasore war berühmt wegen der ausgezeichneten Qualität seines Schiffbauholzes. Aber auch in Howrah, Bakla, Dacca und anderen im Gangesdelta gelegenen Orten Bengalens wurde Schiffbau betrieben. Der Schiffbau hatte in Bengalen einen solchen Umfang angenommen, daß an vielen Orten, besonders aber in Dacca, ganze Siedlungen entstanden waren, in denen nur Schiffszimmerleute wohnten.

Das nördlich Calcutta gelegene Satgaon war zeitweise ebenfalls ein wichtiges Zentrum des Schiffbaus. Als aber der Flußlauf, an dem Satgaon lag, langsam versandete, verlor es seine Bedeutung.

Sandwip, eine Insel im Mündungsgebiet des Ganges, spielte ebenfalls eine Rolle im bengalischen Schiffbau. Hier wurden neben Schiffen für den einheimischen Bedarf auch Schiffe für die Sultane von Konstantinopel gebaut.

Weiter südlich, nämlich an der Coromandelküste, wurden in Masulipatam Schiffe „beträchtlicher Größe" (de Laet) aus erstklassigem Holz gebaut. Neben Masulipatam gab es noch zwei weitere Zentren des Schiffbaus an der Coromandelküste, nämlich Modapallam und Narsapur. In Modapallam war neben ausgezeichnetem Bauholz auch das beste Eisen der Coromandelküste verfügbar. Alle Eisenteile für den Schiffbau bis hin zu Schiffsankern wurden von einheimischen Handwerkern gefertigt. Desgleichen war in Orissa genügend Eisen verfügbar, so daß auch dort unter anderem Schiffsanker gegossen wurden.

Die Werft in Narsapur war bereits um 1450 wegen ihrer Anlagen bekannt, die Bau und Reparatur großer Schiffe gestatteten. Narsapur und Modapallam erfuhren wegen ihrer Qualitätsarbeit sowohl im Schiffskörperbau als auch in der Fertigung der Takelage höchstes Lob, wie aus zeitgenössischen englischen Quellen zu entnehmen ist. Mancher englische Kaufmann gab Schiffe auf diesen Werften in Auftrag.

Kriegsschiffe des 16. bis 18. Jahrhunderts

In der indischen Geschichte werden an zahlreichen Stellen Kriegsflotten und Seeschlachten erwähnt. Der chinesische Pilger Hiuen-Tsang, der sich von 630 bis 644 in Indien aufhielt, läßt uns wissen, daß der König von Assam über eine 3000 Segel zählende Kriegsflotte verfügte.

Im Jahre 756 versuchten die Araber eine Invasion des im Bereich des Indusunterlaufes liegenden Sind, die jedoch von einer indischen Flotte zurückgeschlagen wurde.

Ähnliche Berichte gibt es auch in den folgenden Jahrhunderten. Beispielsweise hatten die Cholas im Süden Indiens durch eine Reihe kriegerischer Unternehmungen ihre Seeherrschaft bis zu den Malediven im Westen und Indonesien im Osten ausgebaut.

In allen diesen Berichten erfahren wir jedoch praktisch nichts über die Flottenstruktur und die einzelnen Typen von Kriegsschiffen. Die bereits behandelten Kampfschiffe auf den Gedenksteinen von Goa und Bombay zeigen, daß während der eigentlichen Kampfhandlungen die Schiffe vorwiegend gerudert wurden. Die Bewaffnung bestand aus Schwertern und Speeren für den Enterkampf, Pfeil und Bogen sowie Wurfgeschossen mit Brandsätzen (Öl) als Waffen für den „Fernkampf".

Erst im 16. Jahrhundert und in den folgenden Epochen erhalten wir weitere, wenn auch lückenhafte Informationen über die Typen der Kriegsschiffe sowie ihre Eigenschaften.

Die Mogulherrscher im Norden Indiens unterhielten eine Kriegsflotte, die von Dacca aus operierte. Diese in der Zeit Akbars (1556 bis 1605) aus 3000 Schiffen, hauptsächlich aber großen Booten bestehende Flotte wurde bald auf etwa 800 bewaffnete Schiffe und Boote reduziert. Sie war keineswegs eine ausgesprochene Hochseeflotte. Ihre vorrangige Aufgabe war die Niederschlagung aufständischer Stammesfürsten und der Kampf gegen Seeräuber. Eine weitere aber weniger bedeutende Kriegsflotte der Mogulen war in Gujarat stationiert.

An der Malabarküste unterhielten die Herrscher von Calicut, die Zamorin, eine starke Kriegsflotte, die im 16. Jahrhundert mit wechselndem Erfolg gegen die portugiesischen Eindringlinge focht. Um 1500 bestand die Kriegsflotte aus 280 Schiffen mit etwa 4000 Mann Besatzung. Die Schiffe waren leicht gebaut und deshalb schnell. Die Kanonen waren klein und ihre Feuerkraft folglich nur gering. Ergänzend wurden auch noch Pfeil und Bogen zur Bekämpfung der gegnerischen Schiffe eingesetzt.

Als Kampfschiffe verwendeten die Zamorin *Sambuks*, *Paraos* und *Fustas* (Vasco da Gama).

Varthema beschreibt die *Sambuchi* von Calicut als Schiffe mit flachem Boden, und Barbosa (1500) bezeichnet kleinere Schiffe der Malabarküste als *Sambucs* oder *Sambucos*. Nach Vasco da Gamas Beschreibung ist die *Sambuk* ein Segelschiff gewesen. Wir bekommen wohl eine den Tatsachen nahekommende Vorstellung von diesen Fahrzeugen, wenn wir sie uns ähnlich den Sambuks der Neuzeit vorstellen, das heißt als zweimastiges Segelschiff.

Die *Paraos* der Zamorin waren mit je zwei Kanonen ausgerüstet. Aus da Gamas Bericht geht nicht klar hervor, ob die Paraos Segel-, Ruderfahrzeuge oder Schiffe mit kombiniertem Antrieb waren.

Die *Fustas* sollen, nach da Gama, ähnlich wie die Paraos ausgesehen haben.

Nach dem Niedergang der Zamorin entstand im Konkan eine neue Seemacht, die der Marathas. Von 1659 bis 1664 wurde eine Flotte von 500 Schiffen gebaut, darunter wenigstens 200 Kampfschiffe. An der Konkanküste entstanden Marinestützpunkte, und Seegefechte zwischen den Marathas und zunächst den Portugiesen, später aber den Engländern, begannen. Es war ein langer und zäher Kampf, der fast ein Jahrhundert andauerte.

Die Kampfschiffe der Maratha-Flotte waren, ebenso wie die der Zamorin, auf Grund ihrer nicht besonders guten Seeeigenschaften hauptsächlich auf den Einsatz in den küstennahen Gewässern beschränkt. Hier erwies sich ihre Geschwindigkeit ebenso vorteilhaft beim Angriff wie beim Rückzug. Von den in den 60er Jahren des 17. Jahrhunderts erbauten Schiffen sind die Typbezeichnungen überliefert, nämlich *Gurab* (Grab), *Galbat* (Gallivat), *Pal*, *Machwa*, *Shibar*, *Pagar*, *Tarande*, *Taru*, *Bathor*, *Tirakati* und andere. Insgesamt wird die verwirrende Zahl von 51 Schiffs- und Bootsbezeichnungen angegeben. Allerdings wurden nur die ersten fünf Schiffe der Liste ausschließlich als Kampfschiffe verwendet.

In den späteren Jahren wurden zunehmend größere und damit seetüchtigere Schiffe gebaut als in den Anfangsjahren der Maratha-Marine. Die berühmtesten dieser Kampfschiffe sind die *Gurabs* oder *Grabs*, auch *Ghurabs* (Krähe in Urdu*) sowie die *Galbats* oder *Gallivats*.

Die *Gurabs* hatten normalerweise zwei, gelegentlich aber auch drei Masten. *Gurabs* mit zwei Masten haben eine Wasserverdrängung bis zu 150, Dreimaster von 300 bis 400 t. Ihr Tiefgang ist vergleichsweise gering. Die Schiffe sind verhältnismäßig breit, haben aber im Bereich des stark ausfallenden Vorstevens scharfe Linien, so daß ihr Widerstand gering ist und sie gute Geschwindigkeiten erreichen.

Eine ungefähre Vorstellung von den Proportionen des Schiffes vermitteln folgende Angaben über eine *Gurab* von 363 t: Breite = 9,2 m, Länge des Kiels = 27,5 m. Beachtet man noch, daß bei *Gurabs* die Vorstevenlänge gleich der Länge des Kiels ist, so kann die Gesamtlänge des Schiffes mit etwa 52 m geschätzt werden.

Das Deck des Vorschiffes verläuft bei den *Gurabs* in gleicher Höhe wie das Hauptdeck, ist von diesem jedoch durch ein Querschott getrennt. Die Back hat kein Schanzkleid, so daß überkommende Seen ungehindert ablaufen können. Das ist von Vorteil, da das Schiff, wenn es gegen die See segelt, wegen seiner oben beschriebe-

* Neuindische Sprache.

nen Linienführung heftig stampft. Hinter dem Schott sind auf dem Hauptdeck zwei 9- oder 12-Pfünder-Kanonen angeordnet, die durch Öffnungen im Querschott über den Bug feuern. Die Breitseite ist mit jeweils 6 bis 8 Kanonen (6- bis 9-Pfünder) bestückt. Auch am Heck der *Gurab* sind zwei Kanonen angeordnet. Neben der Besatzung führt jedes Schiff 100 bis 150 Soldaten mit. Die Masten sind, abweichend von der sonstigen Praxis, vertikal angeordnet. Sie sind mit Stengen versehen und führen Rahsegel.

Aus dem Besitz der Familie des berühmten Maratha-Admirals Kanhoji Angrey (1699? bis 1729) ist ein Farbdruck überliefert, der etwa 30 Darstellungen von englischen und Maratha-Kampfschiffen enthält, die in ein Seegefecht verwickelt sind.

Eines derselben, die *Gurab* MIRA-DAULAT, ist in Fig. 14 wiedergegeben. Die Takelage mit den Rahsegeln und den vertikal angeordneten Masten zeigt deutlich europäischen Einfluß. Die MIRA-DAULAT hat eine Besatzung von 45 Seeleuten und 60 Soldaten.

Die *Galbats* hatten ein bis zwei Masten. Bei den Zweimastern fällt der Besanmast recht klein aus. Die *Galbats* führen im Gegensatz zu den *Gurabs* das Lateinsegel. Ihre Linienführung unterscheidet sich kaum von jener der *Gurabs*. Die *Galbats* sind jedoch wesentlich kleiner und überschreiten selten 70 t. Sie sind leichte auf hohe Geschwindigkeit ausgelegte Fahrzeuge, bei denen oft auch die Bewaffnung zugunsten der Geschwindigkeit reduziert ist. Sie sind zwecks Masseeinsparung mit einem Deck aus gespaltenem Bambus versehen. Wegen der leichten Deckskonstruktion führen diese Fahrzeuge keine Kanonen. Nur die größten *Galbats* haben ein geplanktes Deck, das 6 bis 8 (2- bis 4-Pfünder) Kanonen trägt. Die *Galbats* waren vornehmlich Ruderfahrzeuge. Besetzt mit

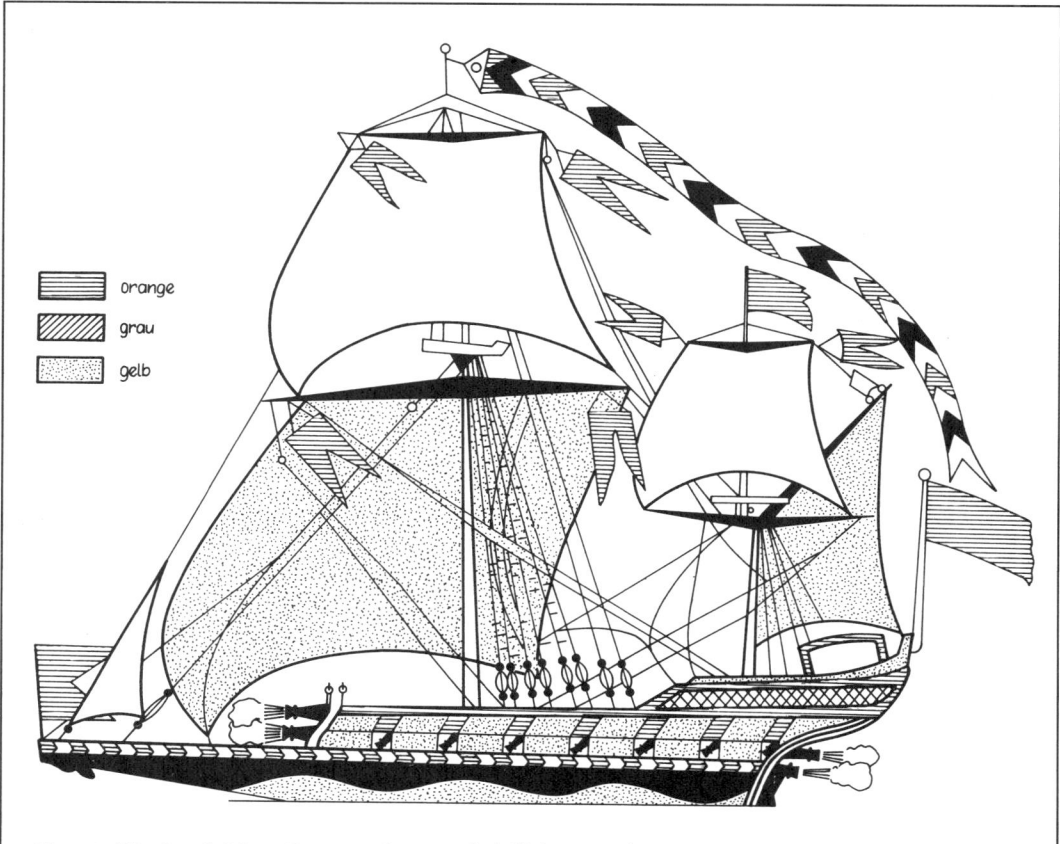

orange

grau

gelb

Fig. 14 Die Gurab MIRA-DAULAT, ein Kampfschiff der Marathas um 1700
(nach B. K. Apte, mit freundlicher Genehmigung von Bharata Itihasa Sanshodhake, Mandala,
Pune)

40 bis 50 Ruderern, erreichten sie Geschwindigkeiten von vier Knoten. Sie faßten durchschnittlich 100, mitunter aber auch 200 bis 300 Kämpfer.

Fig. 15 zeigt die einmastige *Galbat* RAJAHAMS. Das Segel des Schiffes ist am Vorsteven befestigt. Die Darstellung zeigt auch die langen Riemen, die zusätzlich zur Beseglung dem Vortrieb des Schiffes dienen.

In Fig. 16 ist die *Galbat* SADASHIV, die zeitweilig als Flaggschiff der Maratha-Marine diente, wiedergegeben. Der Schirm (Abdagir) im Heck des Schiffes zeigt an, daß es sich um ein Flaggschiff handelt. Der Mast hat stark vorlichen Fall. Zur Bewaff-

nung des Schiffes gehören auch einige Kanonen.

Die *Pal* ist ein Dreimaster und stellt das größte Kampfschiff der Marathas dar. Die *Pal* ähnelt der *Gurab*. Ihre Besatzungsstärke beträgt 275 bis 370 Mann. Von 275 Mann zum Beispiel waren 153 Seeleute, 14 Kanoniere und 108 Soldaten.

Die *Machwa* ist ursprünglich ein Fischereifahrzeug. Die größeren dieses Typs wurden auch als Kampfschiffe eingesetzt. Die Beschreibung einer *Machwa* aus dem Jahre 1739 besagt, daß sie sechs Kanonen und entsprechende Pulvervorräte sowie 50 Mann an Bord hatte.

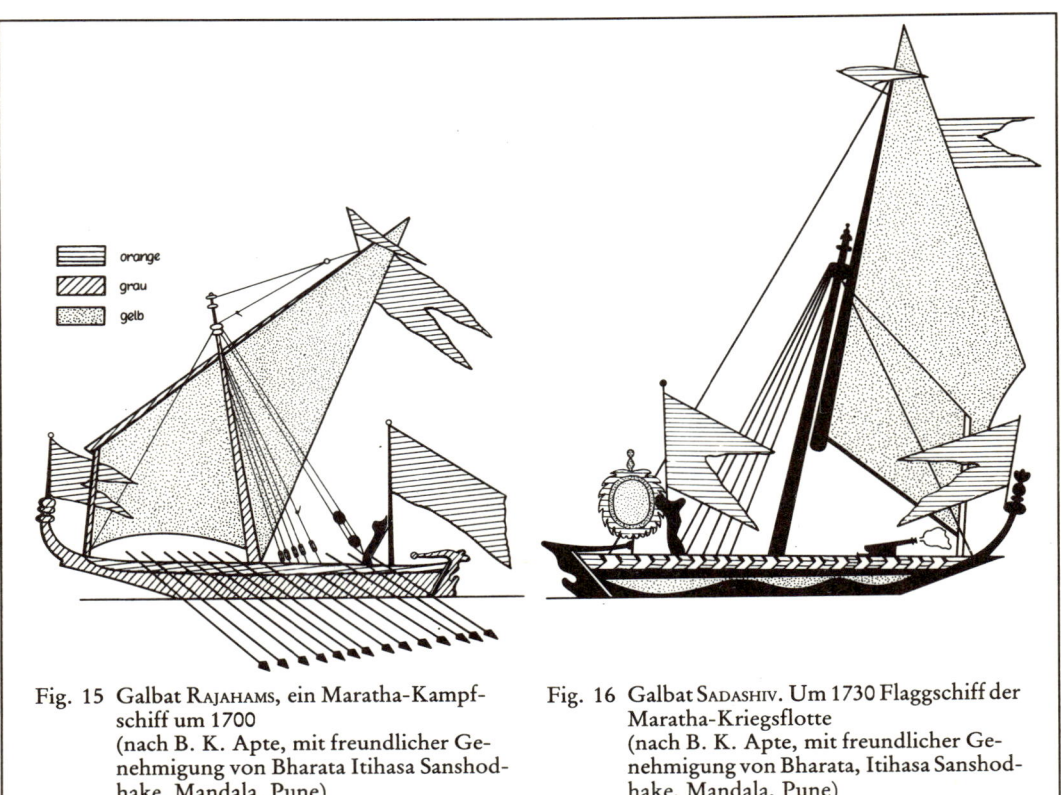

Fig. 15 Galbat RAJAHAMS, ein Maratha-Kampf-
schiff um 1700
(nach B. K. Apte, mit freundlicher Genehmigung von Bharata Itihasa Sanshodhake, Mandala, Pune)

Fig. 16 Galbat SADASHIV. Um 1730 Flaggschiff der
Maratha-Kriegsflotte
(nach B. K. Apte, mit freundlicher Genehmigung von Bharata, Itihasa Sanshodhake, Mandala, Pune)

Als Bauholz für die Kampfschiffe diente Teak für die Beplankung und zum Beispiel Mangoholz für Spanten und Decksbalken. Zur Konservierung der Außenhaut wurde Fischöl oder Undi-Nußöl verwendet. Das Tauwerk war aus Kokosfasern hergestellt.

Die Bewaffnung bestand, wie wir schon gesehen haben, aus Kanonen. Musketen und andere Schußwaffen wurden nicht verwendet. Trotz der Kanonen wurden immer noch als zusätzliche Wurfgeschosse Pfeile, Speere und Steine eingesetzt. Für den Enterkampf benutzte man das Krummschwert der Marathas und einen Rundschild.

Die Schiffe der Mogulflotte waren hinsichtlich einiger Schiffstypen deckungsgleich mit denen der Marathas. Es darf jedoch nicht übersehen werden, daß jeder Schiffstyp bestimmten Modifikationen unterlag, entsprechend den örtlichen Traditionen.

In Bengalen wurden folgende Schiffstypen von den Mogulen sowohl für Kriegszwecke als auch als Handelsschiffe eingesetzt: *Kosa, Gurab, Balia, Pal, Masula, Pusta, Jalia und Machwa* (portug. Bezeichnung: Manchua).

Die *Kosa* war ein Kriegsschiff mit maximal 60 Ruderern, das in einigen Fällen auch mit Geschützen bestückt war. Ihr Einsatz war hauptsächlich auf Operationen in Flußläufen beschränkt. Von den *Kosas* ist meines Wissens keine Darstellung überliefert.

Die *Gurab* der Mogulflotte gleicht in ihrem grundsätzlichen Aufbau den *Gurabs*

40

der Marathas und bedarf deshalb keiner weiteren Erläuterung. In einem Bericht aus der Mitte des 17. Jahrhunderts wird eine Mogul-*Gurab* erwähnt, die 14 Kanonen führte und mit 60 Mann besetzt war.

Die *Balia* war ein schnelles Schiff, das ein Dach besaß.

Die *Pal* (Pulwar) wurde in Dacca gebaut und hatte nur einen hohen Mast. Sie gleicht demzufolge nicht der Maratha-*Pal*.

Auf das *Masula*-Boot werden wir an anderer Stelle noch zurückkommen.

Die *Pusta* ist ein schnelles zweimastiges Schiff, das von den Mogulen hauptsächlich zur Bekämpfung von Seeräubern eingesetzt wurde.

Die *Jalia* oder *Galbat* wurde in Surat gebaut und sowohl an der Westküste als auch in Bengalen als Kampfschiff verwendet. Die *Jalia* hatte bis zu 50 Riemen. Sie war mit fünf bis sechs kleinen Kanonen ausgerüstet und gelangte ebenso wie bei den Marathas zusammen mit *Gurabs* zum Einsatz.

Die *Machwa*, ebenfalls ein Kriegsboot der Mogulflotte, wurde an der Westküste Indiens eingesetzt und hatte ein Segel, 12 Riemen und vier kleine Kanonen.

Segel für die in Bengalen stationierte Mogulflotte wurden in Dacca hergestellt. An der Westküste wurden Baumwolltuche für Segel in Surat, Gujarat und Lahore gewebt. Die Farben der Segel waren weiß und rosa.

Über die Struktur der Mogulflotte geben folgende Überlieferungen einen gewissen Aufschluß:

Mogulflotte gegen Assam (1662)	
Kosas	159 (49%)
Galbats	48 (15%)
Gurabs	10 (3%)
Gesamtstärke	323 (100%)

Mogulflotte, Seegefecht (1666)	
Kosas	157 (55%)
Galbats	96 (33%)
Gurabs	21 (7%)
Gesamtstärke	288 (100%)

Aus dieser Aufstellung wird deutlich, daß die *Kosas*, *Galbats* und *Gurabs* das Rückgrat der Mogulflotte bildeten.

Am Rande sei hier erwähnt, daß in der Mogularmee der Elefant eine Rolle spielte wie etwa der Panzerkampfwagen in modernen Armeen. Dem hatte auch die Flotte Rechnung zu tragen. Das hauptsächlich in Bengalen benutzte *Jung*-Boot der Mogulflotte war für den Transport von Elefanten ausgelegt. Über seine Konstruktion gibt es keinerlei Angaben. Daneben wurde für den Elefantentransport auch eine Art Fähre, bestehend aus zusammengebundenen Booten, die eine Plattform (Mands) trugen, verwendet. Schließlich kamen für diese Aufgabe auch Flöße (*Bir* genannt) zum Einsatz. Die Elefanten erhielten zum Schutze gegen feindliche Geschosse eine geschmiedete „Panzerweste" und es war eine der Pflichten des Moguladmirals, diese Westen zu überprüfen.

Schiffbau im 18. und 19. Jahrhundert

Bereits im 16. Jahrhundert begannen die Kolonialmächte, den Seehandel an sich zu reißen, so daß Indien schließlich nur noch in der Küstenschiffahrt eine Rolle spielte. Diese Entwicklung mußte zwangsläufig auch den indischen Schiffbau beeinflussen.

Fast alle Handelsschiffe der Portugiesen, die im Indischen Ozean segelten, waren auf indischen Werften gebaut. Auch die Engländer ließen zunehmend Schiffe in Indien bauen. Im Gegensatz zur indischen

Schiffahrt erlitt deshalb der indische Schiffbau keinen derartigen Niedergang. Er wurde aber gezwungen, sich in bedeutendem Umfange auf den Bau europäischer Schiffe umzustellen. Diese Periode gestattet einen direkten Vergleich der Qualität der Erzeugnisse des indischen Schiffbaus mit jener des Schiffbaus europäischer Länder.

Im 18. und 19. Jahrhundert bestanden in Indien hauptsächlich die Schiffbauzentren Bombay, Cochin und Calcutta. Während in Cochin seit dem 14. Jahrhundert Schiffbau betrieben wurde, begann der Schiffbau in nennenswertem Umfange in Bombay erst in der ersten Hälfte und in Calcutta in der zweiten Hälfte des 18. Jahrhunderts.

Der Schiffbau Bombays ist untrennbar verbunden mit dem Namen des hochtalentierten Vorarbeiters der Werft von Surat, Lowjee Nusserwanjee Wadia. Wadia wurde zusammen mit einigen Schiffszimmerleuten von den Engländern 1735 nach Bombay geholt, wo er einen geeigneten Platz aussuchte für den Bau seiner künftigen Wirkungsstätte, der Dockwerft von Bombay. Die Familie der Wadias sollte von nun an für eineinhalb Jahrhunderte den Schiffbau Bombays maßgeblich bestimmen. Unter ihrer Leitung wurden auf der Dockwerft von Bombay insgesamt 350 Schiffe gebaut.

1750 wurde auf der Dockwerft das heute noch existierende erste Trockendock in Indien gebaut (Abmessungen 63,7 × 14,3 × 4,6 in Metern).

1847 beschäftigte die Dockwerft nicht weniger als 2000 Handwerker, eine auch noch nach heutigen Maßstäben beachtliche Zahl. Die Werft verwendete als Baumaterial fast ausschließlich das hervorragende Teakholz der Malabarküste.

Zum Fügen der Planken wurde auf der Werft die bereits beschriebene Nut-und-Feder-Technik angewandt. In die Naht oder den Plankenstoß wurde kochender Dammar gegossen und dann eine Decklage aus feiner, sauberer Baumwolle aufgebracht. Wenn der Schiffsboden dann fertig aufgeplankt war, waren die Nähte kaum erkennbar, so präzise und sauber waren die Planken zusammengefügt. Die Nähte wurden niemals kalfatert. Anschließend wurde ein Überzug aus Chunam oder Kalk, der mit Haar gemischt war, auf die Teakbeplankung der Außenhaut aufgebracht. Im nächsten Arbeitsgang wurde die Beplankung durch in Dammar oder Teer getränkte Tücher und schließlich durch eine Kupferbeplattung beschichtet.

Im indischen Schiffbau hat heute noch die Kiellegung eine etwa gleich große Bedeutung wie der Stapellauf. In der Dockwerft von Bombay wurde bei der Kiellegung eine besondere Zeremonie vollzogen. Sie begann, nachdem am Vortage der Kiel gelegt und der Balken des Achterstevens montiert worden war. Während der Kiellegungsfeier wurde ein 15 bis 18 Zentimeter langer Silbernagel von einem persischen Priester (die Wadias waren in Indien ansässige Perser) gesegnet und sodann in den bereitgestellten Balken des Vorstevens geschlagen. Dazu wurde ein „nagelneuer" Silberhammer verwendet. Die Ausführung der Zeremonie oblag den Ehrengästen sowie dem Schiffbaumeister. Danach wurde der Vorsteven gestellt und mit dem Kiel verbunden.

Bei der Kiellegung und beim Stapellauf tritt heute noch in Indien an die Stelle der bei uns üblichen Sektflasche die Kokosnuß. Es gilt als glückbringend, wenn die Kokosnuß am Kiel beziehungsweise am Steven des Schiffes zerschellt. Dieser Brauch geht auf alte Hindutraditionen zurück. Er wurde offenbar durch europäische Gepflogenheiten zeitweise verdrängt. Wir erfahren, daß im Schiffbau Cochins die Schiffstaufe ‚üblicherweise' mit einer

Brandyflasche vorgenommen wurde. Bei der Taufe der FUTTAY SWADH 1864 wurde diese jedoch durch eine Flasche Rosenwasser ersetzt.

Die Qualität der in Bombay gebauten Schiffe erfuhr durch europäische Experten höchstes Lob. Interessant in diesem Zusammenhang ist folgendes Zitat aus dem Jahre 1734: „Die Erfahrung hat uns überzeugt, daß die hier (das heißt in Indien, d. V.) aus Teakholz nach der Machart von Surat, nämlich verspundet, gebauten Schiffe bei weitem dauerhafter und geeigneter für dieses Klima sind als beliebige (Schiffe, d. V.), die von Europa geschickt werden können."

Wir lassen hier einige weitere Zitate zur Qualität der Schiffe folgen.

John Hill (britischer Schiffbauer) stellte fest, daß ein in Indien aus Teakholz gebautes Schiff nach sechs Seereisen noch in einem ebenso guten Zustand ist, wie ein englisches Schiff nach drei Reisen. Gleiches wurde über die Haltbarkeit der Masten ausgesagt (James Todd, Mastbauer).

Abraham Parson (um 1800): „Die in Bombay gebauten Schiffe sind nicht nur ebenso robust sondern ebenso schön und vollendet, wie Schiffe, die in einem beliebigen Teil Europas gebaut wurden." Parson sagt, die Dauerhaftigkeit dieser Schiffe übertreffe jene europäischer Schiffe und eine Lebensdauer von 50 bis 60 Jahren sei bei indischen Schiffen das übliche. Er erwähnt die BOMBAY, eine *Gurab* mit 24 Kanonen, welche nach mehr als 60 Jahren immer noch ein gutes und auch starkes Schiff sei.

1842 verzeichnete das Schiffsregister in Bombay die Namen von 20 Segelschiffen, die alle über 60 Jahre alt waren.

Nachfolgend seien einige langlebige Schiffe genannt, die auf indischen Werften gebaut wurden.

Die um 1750 gebaute *Baghla* DERIA DOWLUT erreichte ein Alter von 87 Jahren.

Das 1817 in Bombay gebaute Linienschiff TRINCOMALEE (1065 Tonnen, 38 Kanonen) bestand aus dem vorzüglichen Malabarteak. Es war 1954 (das heißt nach 137 Jahren) noch schwimmfähig und in gutem Zustand. Es war das letzte in Bombay gebaute Linienschiff.

Die 1821 gebaute GANGES (2284 Tonnen, 84 Kanonen) wurde 1930 (nach 109 Jahren) abgewrackt.

Die PHUTTEL BARRY war ein 1833 in Cochin gebauter Frachtensegler. Sie war nach 71 Jahren (1904) noch im Dienst. 1911 wurde sie noch im Schiffsregister geführt.

Die ALLUM GHIER war ein 1861 in Calcutta gebauter Frachtensegler. Sie war um 1910 noch im Persischen Golf eingesetzt.

Die NELAYATHATCHY wurde 1873 in Cochin gebaut und segelte noch 1947 im Indischen Ozean.

Neben der Qualitätsarbeit der indischen Schiffszimmerleute trugen aber auch die hervorragenden Eigenschaften des Teakholzes wesentlich zur Dauerhaftigkeit in Indien gebauter Schiffe bei.

Hinter Bombay nahm Cochin eine führende Position im Schiffbau ein. Vom 17. Jahrhundert an bestanden in Cochin sechs Schiffswerften, von denen heute noch die Werften in Palluruthy und auf der palmenbestandenen Insel von Vypin in Betrieb sind.

Das alte handbetriebene Gangspill der Brunton Werft in Vypin besteht aus bestem Malabarteak und wird heute noch zum Aufslipen von kleinen Schiffen verwendet. Sein Alter wird auf 150 Jahre geschätzt. Auf dieser Werft arbeitete auch der bekannteste Schiffbaumeister jener Zeit. Sein Grabstein in der Kirche zu Vypin trägt unter anderem die Inschrift: „C. C.

Poney Gueizlar – für 42 Jahre der Meister-schiffbauer... von Cochin – gestorben 1852" (Abb. 13).

Von der regen Schiffbautätigkeit der Cochiner Werften zeugt, daß nach 1800 in Cochin im Durchschnitt jährlich sechs Schiffe gebaut wurden. 1858 liefen sogar 13 Schiffe vom Stapel. In dieser Zeit (1855) beschäftigten die Werften von Cochin drei Schiffszimmerleute, 44 Hilfsschiffszimmerleute, 981 Zimmerleute, 61 Kalfaterer, 154 Bohrarbeiter sowie 2000 Holzsäger und Transportarbeiter. Die hohe Zahl der Säger hing damit zusammen, daß keine Sägegatter verwendet wurden. Die Planken wurden sämtlich von Hand gesägt.

Die Schiffe von Cochin überschritten selten die 1000-t-Grenze. Sie erfreuten sich, ebenso wie die Schiffe aus Bombay, hoher Wertschätzung. Neben europäischen Schiffen baute Cochin auch weiterhin traditionelle einheimische Schiffstypen.

In Calcutta wurden 1781 bis 1800 35 Schiffe mit einer Gesamttonnage von 17020 t gebaut. Auch hier wurden weiterhin traditionelle einheimische Segelschiffe gefertigt.

Periode des Niedergangs

Ein wesentlicher Grund für den Niedergang des indischen Schiffbaus Mitte des 19. Jahrhunderts war der Übergang vom Holz zum Stahl als Baumaterial von Schiffen und der Übergang vom Segel- zum Dampfantrieb. Dieser Entwicklung konnten die Werften in dem technologisch rückständigen Indien nur in beschränktem Umfange folgen.

Bombay konnte sich aber einer technischen Sensation rühmen, die abschließend noch erwähnt werden soll. 1872 wurde eine hydraulische Schiffshebe- und Absenkanlage in Betrieb genommen, eine Einrichtung, wie wir sie erst aus der Mitte unseres Jahrhunderts auf europäischen Werften kennen.

Der Schiffslift war zum Docken von Schiffen zum Zwecke der Reparatur gedacht und für die enorme Hubkapazität von 25000 t ausgelegt. Der Ponton des Lifts hatte eine Eigenmasse von 1600 t und eine Fläche von 116 m × 25,6 m. Der Lift wurde im Testbetrieb aber nur mit Massen von 7000 bis 8000 t belastet, was für die damalige Zeit völlig ausreichte.

Boote und Schiffe in Vergangenheit und Gegenwart

Übersicht

Das Fährschiff hat abgelegt von Kanyakumari (Cape Comorin), der äußersten Südspitze Indiens, wo sich das Arabische Meer, der Indische Ozean und das Bengalische Meer treffen. Ausflugsziel ist das auf einer kleinen vorgelagerten Felseninsel erbaute Vivekananda Memorial.

Unterwegs begegnen wir zwei kleinen Burschen, die, unbekümmert um den Seegang, ebenfalls auf die Felseninsel zusteuern. Ihr Wasserfahrzeug besteht aus einem dicken abgebrochenen Ast, an dem sie sich mit einer Hand festhalten. Mit der anderen Hand paddeln sie das seltsame Fahrzeug. Und genauso muß das erste Wasserfahrzeug ausgesehen haben, mit dem sich der Mensch schon vor Jahrtausenden, mit welcher Zielstellung auch immer, auf das Wasser hinauswagte. Ein Schwimmkörper, ein einfaches Stück Holz, das der Mensch seinen Zwecken nutzbar machte, ohne zunächst irgend etwas zu seiner Fertigung beigetragen zu haben. Der nächste logische Schritt in der Entwicklung ist dann das aus mehreren Balken zusammengebundene Floß (Fig. 17, Position 1). Es ermöglichte dem Menschen, darauf zu sitzen. Er war damit dem Wasser weniger ausgesetzt. Außerdem konnte dieses Fahrzeug auch schon für den Transport von Gütern verwendet werden. Wir können uns leicht vorstellen, daß durch Höhersetzen der beiden seitlichen Balken (Position 2) das Floß an Seetüchtigkeit gewann. Verbunden mit dieser konstruktiven Weiterentwicklung war die schrittweise Herausbildung von Vor- und Achtersteven dieser Fahrzeuge, wodurch ihre Seetüchtigkeit wiederum erhöht wurde.

Eine zweite direkte Linie der Entwicklung führt vom Baumstamm zum Einbaumkanu (Position 3). Die folgerichtige Weiterentwicklung ist dann das Einbaumkanu mit seitlicher Aufplankung (Position 4). Sie besteht aus maximal fünf seitlich aufgesetzten Plankengängen, die im Bug und Heck des Fahrzeugs in einen mit dem Einbaum verbundenen Steven einmünden. Sowohl das Kanu als auch das Kanu mit seitlicher Aufplankung stellen eine Schalenbauweise dar. Eine weitere Entwicklungsstufe innerhalb der Schalenbauweise sind die Plankenboote. Sie haben keinen Einbaum mehr als Unterkonstruktion, sondern nur eine starke Bodenplanke, an die sich die Boden- und Seitenbeplankung anschließt. Ein typischer Vertreter dieser Bootsart ist die *Masula*, das bekannte Brandungsboot der Madrasküste.

In der nächstfolgenden Entwicklungsstufe erhält die Außenhautschale zusätzlich ein aus Balkenkiel und Spanten bestehendes Versteifungssystem. Diese Art der Konstruktion bezeichnen wir als Gerüstbauweise (Position 5).

Die Auflösung der Rumpfkonstruktion in Elemente, die den Aufbau einer durch ein Gerüst versteiften Beplankung ermöglichten, führte zur Überwindung der bei der Schalenbauweise gegebenen Größenlimitierung der Wasserfahrzeuge. Im Gegensatz zur Montagefolge bei der Schalen-

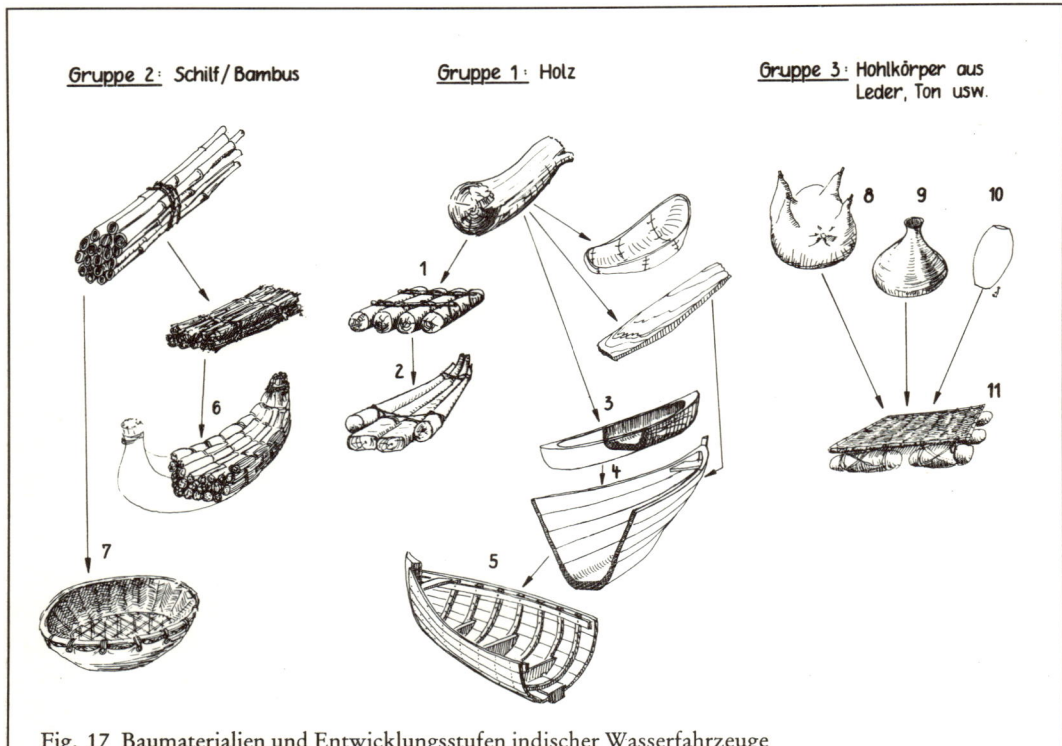

Fig. 17 Baumaterialien und Entwicklungsstufen indischer Wasserfahrzeuge

bauweise wird bei der Gerüstbauweise im allgemeinen erst das Gerüst (in der Reihenfolge der Montage: Kiel, Steven, Spanten) und dann die Beplankung montiert.

Auf die Verwendung von Rinde als Bootsbaumaterial wird in diesen Betrachtungen nicht eingegangen, da sie im indischen Bootsbau praktisch keine Rolle spielt.

Eine ähnliche Entwicklung wie beim Holzfloß (Positionen 1 und 2) hat sich auch bei der Verwendung von Schilf und Bambus als Baumaterial in der Gruppe 2 vollzogen (Position 6). Die Entwicklung in der Gruppe 2 dürfte mit einem gewissen zeitlichen Vorlauf gegenüber der Gruppe 1 begonnen haben. Für diese Annahme spricht die Tatsache, daß insbesondere für die Fertigung der Fahrzeugtypen 3 bis 5 höhere Anforderungen an die Verfügbarkeit von

Werkzeugen gestellt werden als bei der Fertigung des Typs 6.

Ein besonderer Bootstyp innerhalb der Gruppe 2 ist ein korbförmiges, aus Bambusgeflecht bestehendes Fahrzeug, das duch einen Überzug aus Tierhaut wasserdicht und damit schwimmfähig gemacht ist (Position 7). Die Machart dieser Boote dürfte der Korbflechterei entlehnt sein, die heute noch in großem Umfange in Indien betrieben wird.

Schließlich seien noch als Wasserfahrzeuge verwendete Schwimmkörper, bestehend aus aufgeblasenen Tierhäuten (Position 8), genannt. Schwimmkörper – aufgeblasene Tierhäute (8), Krüge (9) und Flaschenkürbisse (10) – können durch Stäbe, Stangen oder eine Plattform zu einer Art Floß (11) zusammengesetzt werden. Wasserfahrzeuge dieser Gruppe sind uns bereits aus Beschreibungen der Literatur vor der Zeitenwende (zum Beispiel Kautilyas Werk) bekannt.

Im Folgenden werden die „Urtypen" der Wasserfahrzeuge, nämlich 2, 3, 4, 7, 8 und 11, die bis in die Gegenwart überlebt haben, betrachtet. Danach wird detaillierter auf die in großer Formenvielfalt vorkommenden geplankten Boote und Schiffe (5) eingegangen. Aus der Gruppe 2 sind gegenwärtig nur noch zwei nachstehend beschriebene Fahrzeugtypen im Gebrauch.

Das aus Bambusgeflecht bestehende korbförmige *Coracle* hat gewöhnlich einen Durchmesser von etwa 3,5 m. Es wurde früher auf Flüssen als Fährboot benutzt (Abb. 14). Mit dem zunehmenden Bau von Brücken ging seine Bedeutung jedoch in den 50er Jahren unseres Jahrhunderts stark zurück. Heute finden wir das *Coracle* zum Beispiel noch auf dem Mettur-Stausee im Unionsstaat Tamil Nadu als Fischereifahrzeug. Es ist trotz seiner scheinbar gebrechlichen Konstruktion auch bei Seegang einsetzbar.

Ein noch in Bengalen verwendetes Floß ist ebenfalls der Gruppe 2 zuzuordnen. Es besteht aus 5 bis 6 Bananenstauden, die an beiden Enden durch ein Querholz miteinander verbunden sind. Die Stauden enthalten eine Vielzahl kleiner Luftbehälter und geben somit dem Floß ausreichenden Auftrieb.

Die Fahrzeuge der Gruppe 3 haben ihre praktische Bedeutung weitgehend verloren. Das zu dieser Gruppe zählende *Chatty*-Floß besteht aus beispielsweise zwei irdenen Töpfen (Chatty). Die Töpfe sind mit der Öffnung nach unten im Abstand von etwa 0,6 m durch zwei Querstreben zu einer Art Tandemfahrzeug verbunden. Es bietet einem Mann Platz und wurde noch um 1950 in Tamil Nadu zum Pflücken von Wasserlilien verwendet. Gewöhnlich werden für ein *Chatty*-Floß jedoch neun irdene Töpfe verwendet, die eine quadratische Bambusplattform mit einer Fläche von etwa 1 m² tragen. Im Gangesgebiet werden diese Flöße als *Gharano* oder *Gharnai* (abgeleitet von Ghara: irdener Topf) bezeichnet. Sie wurden dort um 1920 von Dorfbewohnern saisonweise, nämlich während der Regenzeit, und regelmäßig an jenen Flüssen, die nicht von Brücken überspannt waren, für den Postverkehr genutzt.

Fig. 18 Aus Bälgen von Büffelhaut bestehendes Floß (Sarani)
(nach J. Hornell: The boats of...)

Aufgeblasene Tierhäute werden in Nordindien mitunter noch zum Überqueren von Flüssen verwendet. Diese Auftriebskörper bestehen aus Büffelhaut, die nach Abbinden der Öffnungen umgekrempelt wird. Die Lederbälge werden aufgeblasen, verschlossen und dann aneinandergebunden. Sie formen so ein Floß, *Sarani* genannt. Die Größe des Floßes hängt ab von der zu transportierenden Masse.

Eine übliche Floßform besteht aus einem Charpoy, das heißt einem geflochtenen Bettgestell, das von zwei Bälgen getragen wird (Fig. 18). Zwei ebenfalls auf Bälgen schwimmende Männer steuern das Floß, das mit der Strömung flußabwärts treibt. Nach Erreichen des Ziels wird das Floß demontiert und die Luft aus den Bälgen gelassen. Letztere werden dann zu Bündeln verschnürt. In diesem Zustand wird das Floß wieder zum Ausgangspunkt der Reise zurückverfrachtet.

Den Urtypen 2, 3 und 4 der Gruppe 1 begegnen wir noch zu Tausenden an den Küsten des Indischen Ozeans und auf den Binnenwasserstraßen Indiens. Sie sind deshalb einer detaillierteren Betrachtung wert.

Einbaumkanu

Die Formgebung des Einbaumkanus variiert von der backtrogförmigen grob zugehauenen Form im Nordosten Indiens bis zum Kanu der Malabarküste, das hinsichtlich der Eleganz der Linienführung den geplankten Booten nicht nachsteht.

Das Einbaumkanu ist gewissermaßen das Fahrrad der Wasserstraßen und Binnengewässer Indiens (Abb. 15). Vergleichsweise billig, langlebig (bis zu 100 Jahre) und anspruchslos in der Unterhaltung, hat dieses Wasserfahrzeug auch heute noch einen vielseitigen Anwendungsbereich. Er reicht vom etwa 1,6 m

langen, nur zum Stehen geeigneten Kanu, das der Entenhirt verwendet, wenn er seine Herde auf den Binnengewässern hütet, über das Kanu für den Personen- und Gütertransport bis hin zum Kanu der Küstenfischerei. Die Längen der Einbaumkanus liegen gewöhnlich zwischen 3,5 und 12,5 m. In Extremfällen erreichen Einbaumkanus Längen von 17 m. Ihre Zahl ist schwer abzuschätzen. Allein in der indischen Fischerei sind gegenwärtig etwa 45 000 Einbaumkanus im Einsatz.

Abb. 16 zeigt in der Seefischerei verwendete 15 bis 17 m lange *Koru Vallams*, die als Einbäume gefertigt sind. Die hoch aufragenden Steven sind aufgesetzt. Die Eleganz der Linienführung dieser schlanken Boote läßt auf den ersten Blick kaum Einbaumkanus vermuten.

Wie der Name schon sagt, wird das Einbaumkanu aus einem Baumstamm herausgearbeitet. Die Stämme mit Durchmessern von maximal 1,5 m werden auch heute noch meist mit der Axt gefällt und dann mit Sägen in Stücke zerlegt. Als Bauholz diente für Kanus früher meist das Holz des Mangobaumes. Wegen der auch in Indien spürbaren Holzverknappung wird heute oft auf billigere und weniger haltbare Holzarten zurückgegriffen.

Auf den Holzumschlagplätzen der Malabarküste, von denen aus das Holz an die einzelnen Verbraucher verteilt wird, bietet sich dem Fremden des öfteren ein ungewohntes Bild.

In den dichtbesiedelten Kleinstädten Keralas sind die bürgersteiglosen Straßen jeden Morgen vollgestopft mit Menschen, wenn die Erwachsenen an ihren Arbeitsplatz und die Kinder zur Schule gehen. Dazwischen bahnen sich Busse, LKW und PKW laut hupend ihren Weg. Sie werden links und rechts überholt von wendigen Autorikshas und Motorrädern. Über diesem unbeschreiblichen Gewimmel schwankt ruhig und gelassen der dunkle Rücken eines Elefanten. Der Dickhäuter, der, von seinem Mahud geführt, auch zur Arbeit geht, gehört heute im Zeitalter der Technik noch ebenso selbstverständlich zum Straßenbild wie vor Jahrhunderten. Er trägt auf den Stoßzähnen ein großes Bündel frischer belaubter Äste, die er sorgsam mit dem Rüssel umschlungen hat, seine Tagesration. Sein Ziel ist einer der nahe der Straße gelegenen Holzplätze.

Auf dem Holzplatz geht der Elefant, dirigiert vom Mahud, mit gelassener Selbstverständlichkeit ans Werk. Ein Stamm geringeren Durchmessers soll umgesetzt werden. Der Elefant kniet nieder und schiebt die Stoßzähne unter den Stamm. Sorgfältig prüft er, ob er den Stamm im Schwerpunkt erfaßt hat, ansonsten unterfährt er den Stamm an anderer Stelle und versucht erneut anzuheben. Es klappt. Langsam und vorsichtig erhebt sich der Elefant aus seiner knienden Stellung und bringt, vom Mahud durch halblaute Zurufe geführt, den Stamm an den neuen Platz. Dort legt er ihn sorgfältig ab. Handelt es sich um einen schwereren Stamm, so wird um ihn eine Kette geschlungen, in deren Verlängerung ein dickes Tauende befestigt ist, das in einer Schlaufe endet. Die Schlaufe wird über einen Stoßzahn des Elefanten gelegt und mit dem Rüssel gesichert. Dann zieht der Elefant, sich meist im Rückwärtsgang bewegend, den Stamm zu seinem Bestimmungsort und legt ihn dort ab (Abb. 17).

Vom Holzplatz wird das Holz meist mit LKW, in unserem Fall zu einer kleinen Bootswerft, transportiert. Die Werft besteht im wesentlichen aus einem auf Bambusstangen ruhenden Dach aus Palmenblättergeflecht, das Schutz bietet gegen die sengende Sonne ebenso wie gegen den Monsunregen. Das angelieferte Holz wird ohne weitere Ablagerung verarbeitet.

Wenn es zu trocken ist, wird es vor der Verarbeitung geölt.

Das B/H-Verhältnis der Malabarkanus liegt zwischen 1,5 und 2. Das L/B-Verhältnis beträgt 7 bis 8 (in Extremfällen 11). Bis zu einem gewissen Grade werden die Proportionen des Bootes jedoch auch durch den verfügbaren Stamm (Durchmesser und Länge) bestimmt. Das Kanu hat im Mittschiffsbereich einen geraden Kiel. Der Boden ist eben oder leicht gerundet. Oft hat der Boden aber einen Flachkiel und eine Aufkimmung, die in einen Kimmradius übergeht. Die Bordwände sind senkrecht oder leicht nach innen eingezogen. Die äußere Kontur des Kanus wird zunächst mit langstieligen Äxten grob zugehauen. Nachdem das Kanu außen behauen ist, wird es mit Äxten und Dexeln grob ausgehöhlt und danach mit kleinen Dexeln und Stemmeisen innen auf Endmaß bearbeitet. In etwa 40 bis 75 cm Abstand werden Querspanten von 5 bis 15 cm Breite und 1 bis 2 cm Höhe herausgearbeitet. Falls eine Besegelung vorgesehen ist, wird oft auch die Mastspur aus dem Vollen herausgearbeitet. Die Sitzbänke werden in einem Abstand von 75 bis 120 cm vorgesehen. Die Mastspur ist so angeordnet, daß der Mast durch eine Öffnung in einer der Sitzbänke geführt oder an der Sitzbank abgestützt werden kann.

Parallel zu den Innenarbeiten wird mit Stemmeisen und Hobel der Außenhaut des Bootes die endgültige Form gegeben.

Die Bootsbauer sind meist Analphabeten. Als ich sie nach einer Zeichnung des Kanus frage, dauert es lange, bis sie verstehen, wozu diese dienen soll. Sie schütteln die Köpfe. „So etwas braucht man nicht. Wie ein Boot aussehen muß, das ist doch klar." Sie besitzen die Erfahrung, die über viele Generationen vom Vater auf den Sohn weitergegeben wurde. Die Bootsbauer der Malabarküste zählen in diesem

Gewerbezweig zu den besten Handwerkern Indiens. Sie haben ein erstaunliches Gefühl für die Linienführung. Als ich mein Bandmaß nehme, um einige Punkte des Bootes auf Symmetrie zu prüfen, stelle ich fest, daß sie verblüffend genau stimmen. Die Bootsbauer schütteln wieder die Köpfe. Ihr einziges Maß ist das Augenmaß. „Wozu messen?" fragen sie, „ob ein Boot symmetrisch ist, das sieht man doch."

Bei den kleinen, auf Binnengewässern eingesetzten Malabarkanus besteht die Beseglung aus einem nahezu quadratischen Spritsegel. Das Boot kann nur mit halbem Wind, vorzugsweise aber vor dem Wind segeln. Diese Art der Beseglung finden wir auch bei allen anderen auf den Binnengewässern Keralas eingesetzten Segelbooten.

Die Paddel dieser Kanus haben ein nach unten spitz zulaufendes Blatt und sind etwa 1,5 m lang. Das Paddel besteht vielfach auch aus einem Stiel, an dem ein kreisförmiges Blatt angebunden ist. Es dient zum Vortrieb und zum Steuern des Fahrzeugs, da keines der Kanus über ein Ruder verfügt.

Diese kleinen Malabarkanus werden in der Binnenfischerei (mit Wurfnetzen, Schleppnetzen, Grundtreibnetzen) und in gewissem Umfange auch in der Küstenfischerei eingesetzt. Sie wurden noch um 1950 hauptsächlich von Calicut aus in die benachbarten Unionsstaaten der Westküste, aber auch bis nach Aden und Ostafrika exportiert.

Einbaumkanus in der Bauart der Malabarküste (Fig. 19) mit Längen über 6 m werden auch an der Kanara- und Konkanküste zur Seefischerei verwendet. Um die Seetüchtigkeit dieser Fahrzeuge zu erhöhen, wird der Freibord durch einen (seltener zwei) auf die Bordwände aufgesetzten Plankengang vergrößert. Die Fischereikanus werden durch maximal 10 Riemen an-

getrieben. Gesteuert wird das Fahrzeug durch ein seitlich ausgebrachtes Paddel oder einen Riemen. Seine Breite ist größer als die anderer Kanus, so daß das Fahrzeug ein verhältnismäßig großes Lateinsegel führen kann. Ein 10 m langes Kanu hat eine Segelfläche von 16 bis 17 m^2.

Es sei noch vermerkt, daß, je nach Verfügbarkeit von Bauholz, der gleiche Bootstyp sowohl als Einbaum als auch als geplanktes Fahrzeug auftreten kann. Das trifft beispielsweise auf das Koru Vallam zu. Gewöhnlich wird dann nur die Bezeichnung des jeweiligen Bootstyps verwendet, ohne eine Differenzierung im Hinblick auf die Unterschiede in der konstruktiven Gestaltung vorzunehmen.

Schließlich seien noch einige an der Westküste übliche Bezeichnungen für spezielle Kanutypen angegeben.

In der Maratha-Sprache ist *Doni* die Bezeichnung für ein Einbaumkanu. Sie leitet sich aus dem Sanskrit-Wort Drona (die Aushöhlung) ab. Doni war aber zeitweise auch die ganz allgemeine Bezeichnung für ein einheimisches, das heißt indisches Boot.

Odam ist an der Malabarküste die Bezeichnung für ein großes Einbaumkanu mit 8 Mann Besatzung (Abb. 18). Als *Odam* wird aber auch ein zweimastiges Segelfahrzeug der Lakkadiven bezeichnet. Seine Kennzeichen sind: genähte Planken, Lateinsegel, 20 bis 30 (max. 50) t Tragfähigkeit, durchschnittliche Länge = 16,6 m, Breite = 3,5 m und Seitenhöhe = 2,1 m.

Beppu oder auch *Pungavi* ist ein südlich von Goa in der Fischerei eingesetztes großes Einbaumkanu mit gewöhnlich acht Mann Besatzung. Es entspricht dem *Odam* der Malabarküste.

Im Golf von Mannar finden wir eine Variante des Malabar-Einbaumkanus. Dieses Kanu wird durch Eintreiben von Keilen geweitet und erhält durch Aufsetzen eines

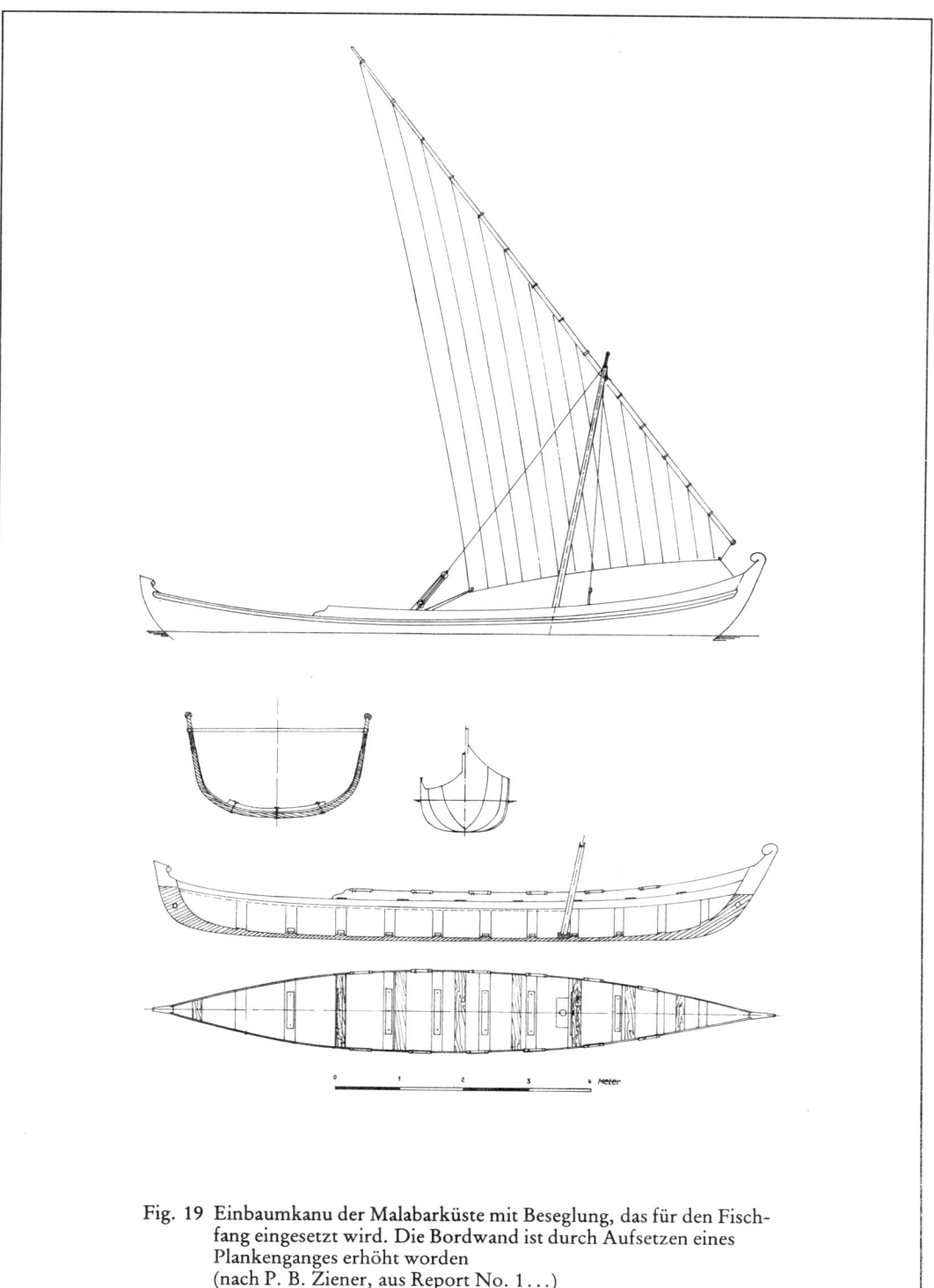

Fig. 19 Einbaumkanu der Malabarküste mit Beseglung, das für den Fischfang eingesetzt wird. Die Bordwand ist durch Aufsetzen eines
Plankenganges erhöht worden
(nach P. B. Ziener, aus Report No. 1 ...)

schräg nach außen ausfallenden Plankenganges einen vergrößerten Freibord und
damit eine bessere Seetüchtigkeit. Diese
Kanus sind vornehmlich Segelfahrzeuge
und erreichen bei stetigem Wind gute Geschwindigkeiten. Die gewöhnlich einmastigen Fahrzeuge können wegen des feh-
lenden Kiels nicht hoch am Wind segeln.
Ein großes Stevenruder, das weit unter den
Schiffsboden hinabreicht, trägt nur beschränkt zur Reduzierung der Abdrift bei.
Die Kanus erreichen Längen um 12 m und
haben sieben bis acht Mann Besatzung.

Einbaumkanus finden wir weiterhin auf
den Andamanen. Ihre Linienführung un-
terscheidet sich wesentlich von jener der
Malabarkanus. Wir kommen auf diese
Fahrzeuge im Zusammenhang mit den
Auslegerkanus noch zurück.

Auslegerkanu

Ein Kanu hat wie jedes andere Wasserfahrzeug die Fähigkeit, einem krängenden Moment M_K, erzeugt zum Beispiel durch eine
auf das Segel wirkende Windkraft, Widerstand entgegenzusetzen. Das Fahrzeug hat
somit eine gewisse Neigungsstabilität.
Diese ist gekennzeichnet durch ein vom
Krängungswinkel φ abhängiges aufrichtendes Moment M_{A1}. Das Fahrzeug erreicht also unter der Einwirkung eines
krängenden Momentes M_{K1} bei einem bestimmten Neigungswinkel φ_1 eine stabile
Gleichgewichtslage. Hier sind das krängende und das aufrichtende Moment gleich
groß. Ist das krängende Moment M_{K2} aber
von vornherein größer als das maximale
aufrichtende Moment, so kommt es zum
Kentern des Fahrzeugs (Fig. 20). Ein fest
mit dem Bootskörper verbundener Ausleger erzeugt nun ein zusätzliches aufrichtendes Moment M_{A2} und erhöht damit die
Stabilität des Fahrzeugs.

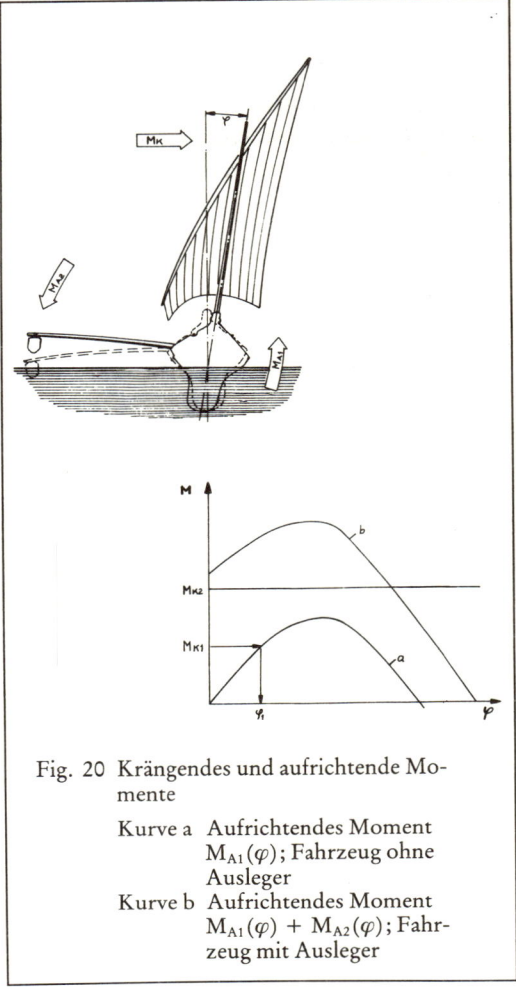

Fig. 20 Krängendes und aufrichtende Mo-
mente

Kurve a Aufrichtendes Moment
$M_{A1}(\varphi)$; Fahrzeug ohne
Ausleger

Kurve b Aufrichtendes Moment
$M_{A1}(\varphi) + M_{A2}(\varphi)$; Fahrzeug mit Ausleger

Bei konstantem M_{A2} verringert sich infolge der Wirkung des Auslegers die Krängung im Vergleich zu einem Boot ohne
Ausleger ganz erheblich. Das Auslegerer-
boot kann infolge seiner höheren Stabilität
eine wesentlich größere Segelfläche tragen
und ist damit schneller als ein konventio-
nelles Boot. Aber auch dann, wenn das
Auslegerboot nicht gesegelt, sondern gerudert wird, ist der Ausleger von Vorteil.
Wegen der höheren Stabilität des Bootes
liegt dieses wesentlich ruhiger im Seegang,
weil der Ausleger die Rollbewegungen des
Bootes dämpft. Der Ausleger trägt also

wesentlich zur Seetüchtigkeit des Kanus bei. Er wird deshalb bei seegehenden Kanus in vielen Fällen vorgesehen.

Auslegerkanus finden wir hauptsächlich an der Konkanküste in Goa und Ratnagiri, im Golf von Mannar sowie auf den Andamanen und Nikobaren. An der Konkanküste dient das Auslegerkanu dem Fischfang ebenso wie dem Personen- und Gütertransport. Das Einbaumkanu mit Ausleger reicht vom gepaddelten Einmannfahrzeug bis zum seetüchtigen Segelfahrzeug (Abb. 19). Letzteres besteht aus einem ausgehöhlten Stamm als Unterbau. Dieser wird wie oben beschrieben gefertigt. Anschließend wird er mit Hilfe von Keilen vorsichtig geweitet. Auf die Seitenwände des so vorbereiteten Einbaumkanus sind ein bis fünf ausfallende Plankengänge aufgesetzt (Abb. 20). Sie münden an beiden Enden des Bootes in Steven ein, die eine Neigung zur Schiffslängsachse von etwa 45° haben. Durch diesen Aufsatz erreichen die Kanus Längen bis zu 15 m. Die Aufplankung gibt dem Kanu eine Seitenhöhe bis zu 1,4 m und stellt einen wesentlichen Schutz gegen Seeschlag dar. Außerdem gibt sie dem Boot eine Maximalbreite von etwa 1,7 m. Planken und Steven sind miteinander sowie mit dem Unterbau vernäht. Der Ausleger erreicht etwa 40% der Bootslänge. Seine beiden Enden sind stevenförmig verjüngt, um den Widerstand zu verringern. Der Ausleger ist durch zwei leicht geschwungene Rundhölzer, die an den Dollborden des Kanus befestigt sind, mit dem Bootskörper verbunden. Die Seilverbindungen der Rundhölzer mit dem Boot einerseits und dem Ausleger andererseits sind mit hölzernen Knebeln äußerst fest verspannt, so daß sich die Verbindungen auch bei stärkerer stoßartiger Belastung nicht lösen (Abb. 21).

Die Riemen bestehen aus langen Stangen, an die meist runde, aber auch spitz zulaufende relativ kleine Blätter angebunden sind. Sie ähneln den Riemen des königlichen Prunkschiffes aus dem Sanchitempel.

Die Beseglung (nicht in jedem Falle vorhanden) besteht aus einem Lateinsegel. Das Segel setzt sich aus schmalen Bahnen zusammen, die meist senkrecht zum Unterliek verlaufen. Bei einem Wendemanöver werden die Schoten gelöst, und das Segel wird zusammen mit den Schoten vorne um den Mast herumgenommen. Nachdem man die Rah dann in die neue Stellung gebracht hat, werden die Schoten wieder belegt. Dieses verhältnismäßig umständliche Segelmanöver fällt meist nur auf den engen Achterwassern an. Auf See wird (wenn überhaupt) nur in sehr langen Schlägen gekreuzt. Zum Steuern des Fahrzeugs wird ein Ruder, manchmal auch ein langer Riemen verwendet (Abb. 22).

Ein großes, ausschließlich gerudertes Auslegerboot, das an der Konkanküste zum Fischfang verwendet wird, bezeichnet man als *Rampan*.

Weiter südlich, an der Kanaraküste unweit Mangalore, beobachtete der Autor das Zuwasserbringen eines mit einer Länge von etwa 20 m und einer Seitenhöhe von gut 1,8 m ungewöhnlich großen Auslegerfahrzeuges (Abb. 23).

Die Besatzung stellt sich entlang des Bootskörpers auf. Einige heben den Ausleger des Fahrzeuges an, die übrigen stemmen ihre Rücken gegen die Bordwand (Abb. 24). Der Kapitän stößt einen langgezogenen Ruf aus. Ein lautes „Jehaaa" der Männer antwortet, wobei sie mit aller Kraft das Boot vorwärts zu schieben versuchen. Das Fahrzeug weicht keinen Zentimeter. Ruf und Antwort wechseln sich in kurzer Folge ab, bis das Boot endlich auf den gefetteten, querschiffs in Abständen angeordneten Holzbohlen zu gleiten beginnt. Sofort setzt ein schneller rhythmi-

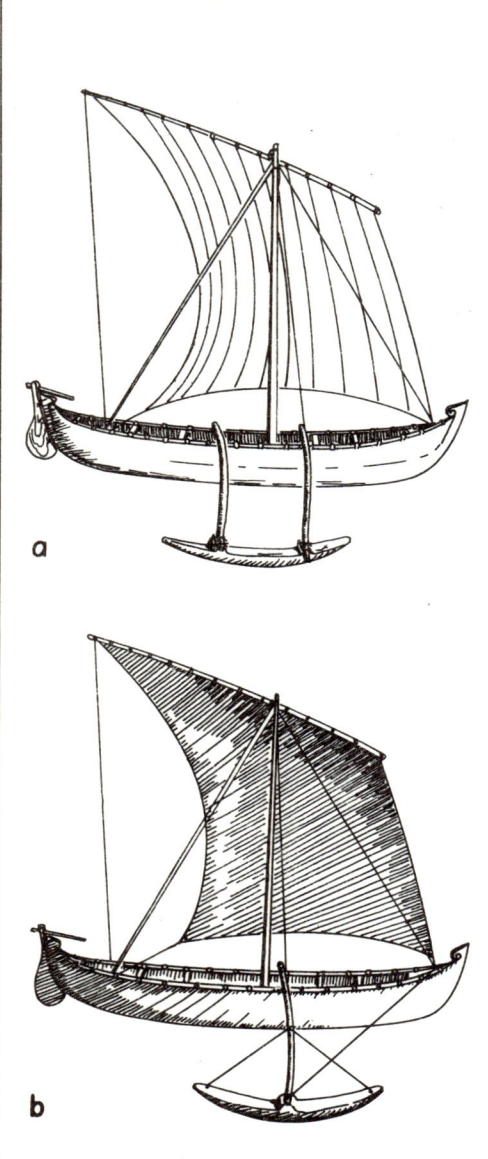

scher Gesang ein, bis das Boot, trotz ver-
einter Kraftanstrengungen, wieder zum
Stillstand kommt. Der Vorgang wiederholt
sich und setzt sich noch im Wasser fort, bis
das Fahrzeug aufschwimmt. Behende
springen die Besatzungsmitglieder nach-
einander auf den Ausleger, klettern mit
einer Gewandtheit, die tausendfache
Übung verrät, ins Fahrzeug und greifen zu
den Riemen.

Am Heck des Bootes ist eine kleine
Holzfigur (Abb. 25) angebracht. Nach der
Bedeutung befragt, geben die Männer vage
Antworten. Es sei ein „Symbol" des
Bootsbesitzers. Die Holzfigur erinnert an
ähnliche Figuren an den Steven der Polyne-
sierkanus. Dort stellen sie Schutzgötter
dar. Sie halten Wacht und sollen die Besatzung vor Unterwasserriffen oder vor dem
herannahenden Feind warnen.

Dieses in der Seefischerei eingesetzte
Fahrzeug zeigt, daß der Ausleger (ähnlich
wie wir es schon bei den Borobudur-Schif-
fen gesehen haben) mitunter auch bei größeren Fahrzeugen verwendet wird.

Im Golf von Mannar finden wir weitere
Typen von Auslegerkanus. Der Bootskörper ist ein Einbaum mit einer Linienführung vom Typ *Malabar* mit einem senkrecht aufgesetzten Plankengang. Der Ausleger ist entweder mit zwei oder mit einem
Rundholz am Schiffskörper befestigt. Als
Besegelung dient ein Luggersegel (Fig. 21).

Die Rundhölzer sind an Ausleger und
Bootskörper durch geknebelte Seilverbindungen befestigt. Falls erforderlich, können die Knebel in wenigen Sekunden gelöst
werden, um den Ausleger auf die andere
Seite des Bootes umzusetzen und dort zu
befestigen. Davon wird vorzugsweise bei
stärkerem Wind während eines Wendema-
növers Gebrauch gemacht, da ein auf der
Leeseite des Fahrzeugs befindlicher Ausleger dessen Geschwindigkeit und Kursstabilität negativ beeinflußt.

Einen weiteren als Auslegerfahrzeug zu klassifizierenden Bootstyp finden wir in der Palk-Straße (Südostindien). Sein charakteristisches Merkmal ist eine lange, schwere, über den Bootskörper querschiffs gelegte Planke (Kadisu), die einer Balancierstange gleicht. Diese Querplanke hat die Funktion eines Reitbalkens. Bei starkem Wind werden einige Besatzungsmitglieder auf den luvseitigen Teil der Querplanke beordert und erzeugen somit ein zusätzliches aufrichtendes Moment, das die Stabilität des Fahrzeuges erhöht.

Ein im nördlichen Teil der Palk-Straße anzutreffendes Auslegerkanu mit „Balancierstange" (Fig. 22) besteht aus einem Einbaum mit seitlich aufgesetztem Plankengang zur Erhöhung des Freibords. Gewöhnlich wird ein Mast mit Luggersegel gefahren, seltener ist zusätzlich ein Besanmast vorgesehen, und nur gelegentlich haben Fahrzeuge dieses Typs eine 3-Mast-Takelage. Charakteristisches Merkmal sind ein Seitenschwert sowie zwei zum Steuern des Fahrzeuges seitlich angebrachte Ruder. Bei den größten Booten dieses Typs (Länge = 11,5 m) erreicht die Planke (Kadisu) eine Länge von 10,5 m, das sind etwa 90% der Schiffslänge. Die Querplanke ist damit verhältnismäßig lang. Sie besteht aus drei Abschnitten. Das Mittelstück mit einer Länge von 6 m ist unmittelbar vor dem Hauptmast befestigt. Daran werden zwei 2 m lange Stücke angesetzt. Die überlappende Verbindung wird durch einen Holzdübel und eine geknebelte Seilverbindung gebildet. Ein bis zwei Wanten auf jeder Seite dienen der Absteifung der Querplanke.

Dieser Fahrzeugtyp kann auch einen geplankten Bootskörper aufweisen, dessen Linienführung mit jener des Einbaumkanus übereinstimmt (*Palagai Kattu Vattai*, Fig. 23). Mitunter hat er eine zweite kürzere, nur etwa 2 m lange Querplanke, die

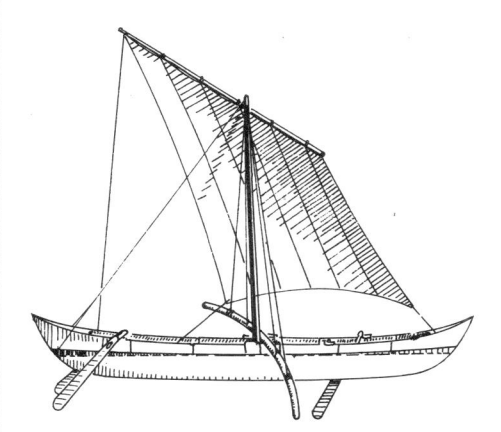

Fig. 22 Fischerkanu: aufgeplankter Einbaum mit „Balancierstange" (Palk-Straße, Südindien)
(nach J. Hornell: The origins and...)

am Besanmast angeordnet wird. Das luvseitige Ende dieser Planke wird im Bedarfsfalle mit Gewichten beschwert. Die Länge der Fahrzeuge schwankt zwischen 5,5 und 11,5 m. Ihre Breite liegt zwischen 0,6 und 0,9 m, die Seitenhöhe beträgt etwa 0,75 m.

Ein weiterer, ebenfalls im nördlichen Teil der Palk-Straße anzutreffender Typ, die *Vala Vathai*, hat meist eine für indische Küstenfahrzeuge ungewöhnliche 3-Mast-Takelage. Diese im Durchschnitt 13 m langen Fahrzeuge sind keine Einbäume, sondern schlanke karweelgeplankte Boote. Ihre Breite und Seitenhöhe betragen 1,4 beziehungsweise 0,75 m. Die Besatzung besteht normalerweise aus 5 Mann. Der weit vorne angeordnete Vormast ist mit 4 m relativ kurz. Die Länge des etwa mittschiffs befindlichen abgestagten Hauptmastes beträgt 6,5 und die des Besanmastes 4,5 m. Die Länge der einteiligen Querplanke liegt bei 5,2 m. Das Boot hat einen flachen Boden und zur Verringerung der Abdrift ein Seitenschwert. Es ist außerdem mit einem großen Stevenruder ausgestattet. In ihrer äußeren Erscheinung unter-

Fig. 23 Palagai Kattu Vattai, dreimastiges geplanktes Fischereifahrzeug mit „Balancierstange" (Palk-Straße). Links im Bild ist zum Vergleich das Heck einer Vala Vathai dargestellt.
(nach J. Hornell: The origins and...)

scheidet sich die *Vala Vathai*, abgesehen von der Ruderanordnung, praktisch kaum von einer *Palagai Kattu Vattai* (Fig. 23).

Die langen, schlanken Boote gelten als die schnellsten Fahrzeuge in diesem Gebiet.

Im südlichen Teil der Palk-Straße treffen wir ein weiteres Fischereifahrzeug mit Querplanke. Diese ist einteilig und besteht aus schwerem Palmenholz. Sie ist auf jeder Seite durch ein Want abgesteift, das zum Masttopp führt. Bei starkem Wind wird das leeseitige Want auf die Luvseite umgelegt, und gleichzeitig wird die Querplanke etwas in Luvrichtung versetzt, um ihre Hebelarmlänge zu vergrößern. Je nach Windstärke befinden sich ein bis drei Besatzungsmitglieder auf der Querplanke. Sie halten sich an den beiden Wanten fest. Anstelle von Einbäumen werden bei größeren Fahrzeugen karweelgeplankte Bootskör-

per gleicher Linienführung verwendet. Die Boote führen ein Stevenruder. Der etwas vor Mitte Schiff angeordnete Mast trägt ein Luggersegel.

Im nördlichen Teil der Palk-Straße, dem Point Calimere, finden wir die *Kalla Doni* (Fig. 24). Sie ist das größte noch existierende Fahrzeug mit Querplanke. „Doni" ist, wie wir gesehen haben, die Bezeichnung für ein Einbaumkanu. Der Begriff wird jedoch, wie noch an anderen Beispielen deutlich werden wird, in sehr weitläufigem Sinne verwendet. *Kalla Doni* bedeutet soviel wie Diebesboot. Offenbar ist dieser Name von der Schnelligkeit des Bootes abgeleitet.

Der Vorsteven der *Kalla Doni* ist gerundet. Das Poopdeck ist nur etwa 0,3 m höher als das eigentliche Deck. Der fast senkrechte Achtersteven trägt einen Spiegel. Das Ruder ist etwa 1,2 m hinter dem Heckspiegel an einer Art Totholz befestigt. Es hat die für Binnenfahrzeuge typische klobige Form.

Die *Kalla Doni* hat eine 3-Mast-Takelage mit einer Art Luggersegel. Der Vormast ist etwa 4,5 m, der Hauptmast 14 m, und der Besanmast 13 m hoch. Die Querplanke besteht aus dem Holz der Palmyra-Palme und ist vergleichsweise kurz. Die Länge des Hauptmastes ist etwa gleich der Schiffslänge.

Diese schon sehr seltenen Fahrzeuge haben einen eigenartigen Anstrich. Oberhalb der Wasserlinie sind die *Kalla Donis* geteert. Auf diesem Anstrich sind in etwa 0,35 m Abstand vertikale weiße Striche gezogen. Zwischen je zwei vertikalen Linien befindet sich der weiße Abdruck einer Hand. Außerdem ist am Bug das Augensymbol eingeschnitzt.

Die *Kalla Doni* wurde noch zum Ende des 19. Jahrhunderts in großem Umfange als Personen- oder auch Viehtransporter zwischen dem indischen Festland und Sri Lanka eingesetzt. Eine kleinere Variante der *Kalla Doni* dient als Fischereifahrzeug.

Neben den seetüchtigen Auslegerkanus finden wir von der indisch-pakistanischen Grenze im Nordwesten bis hin zum nördlichen Teil der Coromandelküste auf Flüssen und Binnengewässern Auslegerkanus ohne Besegelung. Sie sind oftmals winzig klein und bieten nur ein bis zwei Personen Platz. Doch kommen zum Beispiel nahe Pondicherry auf Binnengewässern in großer Zahl Auslegerkanus mit Längen von etwa 5 m und einem Auslegerabstand vom Kanu von ungefähr 1,5 m vor.

Eine Sonderstellung nehmen die Auslegerkanus der Andamanen und Nikobaren ein. Die Einwohner dieser Inseln haben bis in die Neuzeit hinein in starker Abgeschiedenheit gelebt. Es ist deshalb auch nicht erstaunlich, daß die hier verwendeten Bootstypen sich von jenen des indischen Subkontinents wesentlich unterscheiden. Außer den Einbaumkanus der Andamanen (Fig. 25) werden auf diesen Inselgruppen nur Auslegerkanus verwendet.

Für das Auslegerkanu der Andamanen werden Bootskörper verwendet, die in der Linienführung den Einbaumkanus gleichen, jedoch geringere Abmessungen haben. Die Form des Einbaums der Andaman-Kanus unterscheidet sich von allen Kanus, die wir auf dem indischen Subkontinent kennengelernt haben. Anstelle der relativ scharfen Steven der Malabar-Kanus hat das Andaman-Kanu gerundete Bug- und Heckkonturen. Der Bug endet in einer kleinen Plattform, auf welcher der Harpunier oder Bogenschütze steht und Ausschau nach Schildkröten und großen Fischen hält. Eine ähnliche, aber kleinere Plattform befindet sich im Heck. Die Länge der Kanus liegt zwischen 3 und 10 m. Einen Aufschluß über die Proportionen gibt nachstehendes Beispiel: Länge = 8,5 m, Breite und Höhe = 0,9 m, Wanddicke = 3 cm.

Fig. 24 Kalla Doni (Point Calimere, Palk-Straße)
(nach J. Hornell: The origins and...)

57

Fig. 25 Einbaumkanu der Andamanen (nach C. B. Kloss)

Der Ausleger ist mit dem Bootskörper je nach Größe des Fahrzeuges durch 3 bis 12 Stangen verbunden (Fig. 26). Das eine Ende der Stangen wird durch die Bordwand des Bootes geführt. Die anderen Enden der zwischen Boot und Ausleger angeordneten Verbindungsstangen sind mit dem Ausleger über kleine, aus drei Stützen gebildete Böcke mittels eines Rohrgeflechtes verbunden.

Die Kanus werden grundsätzlich im Zeitraum August/September gebaut. 8 Mann benötigen etwa zwei Wochen für die Fertigung eines Kanus. Während der Stapellaufzeremonie sind das Kanu und die Bootsbauer mit Ocker geschmückt.

Die Auslegerkanus fahren zum Fischfang 40 bis 50 Meilen auf See hinaus.

Das Auslegerkanu der Andaman-Inseln weicht stark ab von allen übrigen Auslegerfahrzeugen Indiens. C. B. Kloss (1903) vermerkt hierzu, daß die Eingeborenen von Neu-Süd-Wales und Queensland (Austra-

lien) ein Kanu haben, das in jeder Hinsicht fast das genaue Gegenstück des Fahrzeugs der Andamanen ist.

Hornell (1920) gibt folgende Übereinstimmungen konstruktiver Details beider Fahrzeuge an:

Die Gestalt der Bootskörper (fehlender Sprung, abgerundete Steven, Bugplattform).

Nicht festgelegt: Anzahl von Verbindungsstangen zwischen Bootskörper und Ausleger.

Durchführung der Verbindungsstangen durch die Bordwand.

Übereinstimmungen in der Art der Verbindung von Ausleger und Stange.

Hornell kommt zu der Schlußfolgerung, daß beide Bootstypen gleicher Abstammung sind. Er vermutet den Ursprung der Fahrzeuge in Melanesien.

Das Auslegerkanu der nahegelegenen Nikobar-Inseln unterscheidet sich grundsätzlich von dem der Andamanen. Die sehr schlanken Fahrzeuge sind eleganter gebaut als die Andaman-Kanus. Der Ausleger besteht aus sehr leichtem Holz. Er läuft nach beiden Enden hin spitz zu und erstreckt sich über etwa 75 % der Bootslänge. Bootskörper und Ausleger sind durch zwei Stangen miteinander verbunden (Abb. 26). Die Boote sind durch geschnitzte, hoch aufragende Steventeile verziert, welche mitunter rot gestrichen werden. Der den Bootskörper bildende Einbaum wird weder geölt noch gestrichen. In seinem Unterteil wird er aber zum Schutz gegen die Einwirkungen des Seewassers leicht angekohlt.

Das Kanu hat entsprechend seiner Größe ein bis vier Bambusmasten. Jeder wird durch vier weitgefächerte Rohrstöcke abgestagt. An den Masten werden Lateinsegel gefahren. Der Mastfuß ist nicht, wie sonst üblich, am Boden des Fahrzeugs, sondern auf Querdeckbalken angeordnet.

Beim 3-mastigen Auslegerkanu ist der erste Mast vor und der Haupt- und Besan-

mast zwischen den beiden Verbindungsstangen von Ausleger und Bootskörper angeordnet. Alle Masten sind verhältnismäßig kurz und haben keinen Fall. Der Hauptmast ist etwas länger als die beiden anderen Masten. Die Rahen sind länger als die Masten. Ein Nikobar-Kanu hat eine Besatzung von 30 bis 40 Mann.

Wir haben gesehen, daß in Indien einige in der konstruktiven Gestaltung recht unterschiedliche Auslegerfahrzeuge vorkommen, die vorrangig in der Fischerei eingesetzt werden. Gemeinsames Merkmal der Fahrzeuge ist ein einzelner Ausleger. Auslegerkanus dieser Bauart sind unlösbar verbunden mit den schier unendlichen Weiten der pazifischen Inselreiche Melanesien, Mikronesien und insbesondere Polynesien. Es erhebt sich zwangsläufig die Frage, ob die indischen Kanus und die Auslegerkanus des Pazifik getrennt voneinander entstanden sind oder ob beide einen gemeinsamen Ursprung haben.

Die Besiedelung Polynesiens gab und

Fig. 26 Auslegerkanu der Andamanen (nach C. B. Kloss)

gibt der Wissenschaft eine Reihe von Rätseln auf. Die meisten Wissenschaftler stimmen heute jedoch darin überein, daß Auswanderer vom südostasiatischen Kontinent oder vom indonesischen Inselreich aus vor etwa 6000 Jahren begannen, in die Weiten des Pazifik vorzustoßen. Erst viel später erfolgte aus dem indonesischen Raum, nämlich von Borneo aus, die Besiedelung Madagaskars.

Forschungen von Hornell (1920) und in neuerer Zeit von Doran (1980) führten zu der Schlußfolgerung, daß das Kanu mit einem Ausleger sich in Zentralindonesien entwickelt hat. Zweifellos hat dieses Fahrzeug eine entscheidende Rolle gespielt bei der Bezwingung der Weiten des Pazifik ebenso wie des Indischen Ozeans.

Die Annahme ist naheliegend, daß die indonesischen Auswanderer, die nach Madagaskar vorstießen, den indischen Subkontinent sowie Sri Lanka, die Andamanen und die Nikobar-Inseln anliefen und daß mit ihnen das Auslegerkanu Indien erreichte. Demnach dürften die indischen Auslegerkanus gemeinsame Vorfahren mit den Auslegerkanus der Polynesier haben.

Die Existenz unterschiedlicher Auslegerkanutypen in Indien legt den Schluß nahe, daß der maritime Kontakt zwischen Indonesien und Indien in jener Periode keine einmalige Angelegenheit gewesen sein kann.

Als einziges Auslegerkanu repräsentiert jenes von den Andamanen einen Typ, der noch nicht für den Einsatz von Netzen zum Fischfang vorgesehen war. Das heißt, das Kanu gehört zu Einwanderern, die auf einer niedrigeren Kulturstufe standen als die übrigen Einwanderer, die mit Auslegerkanus nach Indien kamen. Das bedeutet jedoch nicht, daß jene Einwanderer, die das Andaman-Kanu nach Indien brachten, auch die ersten Einwanderer gewesen sein müssen.

Der Katamaran

Als letzten Urtyp wollen wir den Katamaran behandeln, der dem Typ 2 in Fig. 17 entspricht. Wir haben gesehen, daß das Kanu in großem Umfange in der küstennahen Fischerei eingesetzt wird. Es wird zahlenmäßig jedoch noch übertroffen durch den Fischereikatamaran, der mit einer geschätzten Anzahl von 47000 bis 57000 Fahrzeugen den ersten Platz unter den Fischereifahrzeugen Indiens einnimmt. Die Zahl der hauptsächlich an der indischen Ostküste zwischen Cape Comorin und Puri (Orissa) operierenden Fischereikatamarane ist weiter im Steigen begriffen.

Die Gesamtzahl der Fischereifahrzeuge hat sich in Indien im Verlaufe der vergangenen zwei Jahrzehnte mehr als verdoppelt und liegt derzeit etwa bei 220000. Hölzerne geruderte oder gesegelte Fahrzeuge wie Katamarane und Einbaumkanus sowie geplankte Boote, die sich in ihrem konstruktiven Aufbau seit Jahrhunderten nur unwesentlich verändert haben, dominieren. Der Anteil mechanisierter Fischereifahrzeuge, ihre Zahl beträgt etwa 16000, ist relativ gering. Ihre Palette reicht vom modern ausgerüsteten 30-Meter-Trawler bis hin zum Einbaumkanu, das mit einem Außenbordmotor ausgerüstet ist.

Die erschreckende Armut der Fischer, die deshalb nur in Ausnahmefällen erschwinglichen Preise für einfachste mechanisierte Fahrzeuge, die Tatsache, daß die Amortisationsrate nicht mechanisierter Fahrzeuge zweimal höher liegt und schließlich der Umstand, daß bei gleichem Fangaufkommen bei Einsatz nicht mechanisierter Boote etwa siebenmal mehr Fischer Arbeit und damit — wenn auch ein kärgliches — Auskommen finden, stehen der Mechanisierung der Fischereifahrzeuge derzeit entgegen. In der mit traditionellen Fahrzeugen durchgeführten Seefischerei, deren Fanganteil am Gesamtaufkommen bei 70% liegt, sind noch etwa eine Million Fischer beschäftigt. Sie gehören zu den ärmsten Bevölkerungsschichten Indiens. Nach indischer Einschätzung leben die meisten von ihnen „weit unter dem Existenzniveau mit niedrigstem Realeinkommen, ... Unterernährung, schlechter Gesundheit und ewiger Verschuldung". Viele von ihnen können sich deshalb noch nicht einmal ein eigenes traditionelles Fischereifahrzeug leisten, das im Falle eines mittleren Katamarans „nur" etwa 500 Mark kostet.

Weitgehend ausgeschlossen vom technischen Fortschritt, bleiben diese Männer in ihren kleinen, primitiven Wasserfahrzeugen, wie seit Jahrhunderten, weiter den Gefahren ihres harten Berufes ausgesetzt. Im indischen Unionsstaat Kerala, dessen Küste nur etwa 10% der Gesamtlänge der Küstenlinie Indiens ausmacht, fanden, nach unvollständigen Angaben, allein 1980/81 234 Fischer den Seemannstod.

Die Fischer sind harte, verschlossene Männer, die mit bewundernswertem Mut täglich aufs neue den Kampf mit den Elementen aufnehmen. In einem Katamaran-Fischerdorf in Andhra Pradesh sagte mir ein kleiner elfjähriger Bursche, der ein erstaunlich gutes Englisch sprach: „Ich fahre schon seit langem mit Vater zum Fang hinaus. Ich kenne die See und fürchte sie nicht."

Die Bezeichnung Katamaran wird im allgemeinen Sprachgebrauch für ein Doppelrumpf-Segelboot verwendet. Mit diesem Wissen ausgerüstet, marschierte ich am Cape Comorin in ein nahe gelegenes Fischerdorf, um mir dort Katamarane anzusehen. Es dauerte geraume Zeit, und das nicht nur wegen bestehender Sprachschwierigkeiten, bis sich der Irrtum aufklärte. „Der Begriff Katamaran (eigentlich Kattu Maram)", so erklärte mir ein Kapi-

tän der indischen Kriegsmarine, „kommt aus einer südindischen Sprache, dem Tamil. Er bedeutet: Kattu – zusammengebunden und Maram – Hölzer, das heißt zusammengebundene Hölzer." Und genau das sind die indischen Katamarane.

Im Verlauf der Entwicklung haben sich zwei grundsätzliche Katamarantypen herausgebildet, die in einer Vielzahl von Varianten vorkommen. Den Boot-Katamaran (Abb. 27) finden wir an der Westküste südlich von Quilon bis hin zum Cape Comorin und von dort aus an der Ostküste bis hin zum Golf von Mannar und der Palk-Straße. Eine modifizierte Form des Boot-Katamarans kommt in Andhra Pradesh vor. Der zweite Typ, der Floß-Katamaran (Abb. 28), ist in großer Zahl an der Coromandel-Küste vom Cape Calimere bis zum Delta des Krishna-Flusses im Einsatz.

Der etwa 4 bis 10 m lange Boot-Katamaran besteht aus 3 bis 5 behauenen, sich nach den Enden hin verjüngenden Balken, die durch ein hölzernes Querjoch und Seile im Vor- und Achterteil des Rumpfes zusammengehalten werden (Abb. 29). Bei größeren Katamaranen sind auch zusätzliche Seilverbindungen im Mittschiffsbereich vorhanden. Die Seilverbindungen verleihen dem Fahrzeug eine gewisse Elastizität im Seegang. Nicht ein einziger Nagel wird zum Bau eines Katamarans verwendet. Die beiden äußeren Balken sind etwas höher gesetzt als die mittleren und bilden somit eine Art Bordwand. Die Balken erfahren keinerlei Konservierung durch Öl oder Farbe. Zu Vortrieb des Katamarans dienen Paddel (bestehend aus einer Bambushalbschale), Stangen und Segel. Die Besegelung des Boot-Katamarans am Cape Comorin wird durch ein einziges bis zu 30 m² großes Lateinsegel gebildet. Die meist aus einer geschäfteten Bambusstange bestehende Rah hat etwa die 1,3fache Länge des Bootes. Sie ist an einem kaum mehr als 1,7 m langen aufragenden Rundholz, einer Art Maststumpf, befestigt. Das Rundholz ist nach achtern abgestagt. Das Segel wird durch zwei bis drei nach achtern laufende Leinen positioniert, die Großschot bei raumem oder achterlichem Wind ausgebaumt.

Zwei hölzerne Senkschwerter verringern die Abdrift des Katamarans und dienen seiner Kursstabilisierung. Sie werden je nach Kurs des Fahrzeuges in der Höhe verstellt. Das achtern angeordnete Schwert wird auf der Leeseite des Bootes gefahren.

Segel und Schwerter werden beim Auslaufen erst nach Überqueren der Brandung gesetzt. Desgleichen wird das Segel beim Einlaufen vor Erreichen der Brandung eingeholt (Abb. 30 und 31). Dabei dreht das Boot nicht, wie wir es kennen, in den Wind. Das Niederholen des Segels vor dem Wind wird dadurch eingeleitet, daß das Segel mit den Achterleinen niedergeholt wird, wobei die Rah um die Befestigung am Mast dreht. Dann wird mit wenigen Handgriffen die Rah vom Mast gelöst und schließlich das Segel geborgen. Der ganze Vorgang, tausendfach geübt, dauert nicht länger als 10 bis 15 Sekunden. Anschließend werden die Schwerter aus ihren Halterungen gezogen. Erst dann wird das Boot durch die Brandung gepaddelt.

In den frühen Morgenstunden laufen die Boote zu den 10 bis 30 km (maximal 100 km) entfernten Fangplätzen aus (Abb. 32). In der Morgendämmerung sehen die schwarzbraunen Katamaransegel von ferne wie die Flossen riesiger Haifische aus. Nur gelegentlich, wenn das Fahrzeug einen Wellenkamm erklimmt, ist der Bootskörper unter dem Segel für Augenblicke undeutlich erkennbar. Die kleinen, scheinbar plumpen und schwerfälligen Fahrzeuge behaupten sich auch in grober See erstaunlich gut. Sie erreichen, bedingt durch das große Segel, auch bei Seegang gute Geschwindigkeiten.

Beim Segeln am Wind wird der Maststumpf mit vorlichem Fall gesetzt. Die Rah wird steiler angestellt und das Segel dichtgeholt. Entsprechend der Stärke des Windes und des Kurses wird die Stellung der Schwerter reguliert. Am Wind reitet die Besatzung den Katamaran aus. Bei zunehmender Windstärke wird zusätzlich noch ein nach außenbords reichender Reitbalken angebracht, auf dem sitzend eines der Besatzungsmitglieder das Boot ausreitet.

Beim Wendemanöver wird das Segel eingeholt. Mast und Segel müssen, nachdem das Fahrzeug mit Hilfe von Stechpaddeln durch den Wind gedreht wurde, nach der Wende neu gesetzt werden. Ähnlich verläuft das Halsemanöver. Allerdings werden die Fangplätze meist mit halbem Wind angelaufen, so daß derartige Manöver weitgehend entfallen.

Abends kehren die Fischer von den Fangplätzen zurück. Die Ausbeute ist meist kärglich. Sie betrug um 1950 etwa 10 kg pro Mann und Woche. Diese Werte dürften sich bis heute kaum erhöht haben.

Die mechanisierten Boote fischen zum Teil rücksichtslos auf den den Katamaranen und anderen traditionellen Fangfahrzeugen zugedachten küstennahen Fangplätzen. Das erklärt auch die oft aufflammenden blutigen Auseinandersetzungen unter den Fischern und die für den Uneingeweihten im Zeitalter des technischen Fortschrittes geradezu absurd anmutende Forderung der Fischer, die mechanisierten Boote mindestens für die nächsten 25 Jahre zu verbieten.

Die gefährlichsten Phasen, in denen sich fast alle tödlichen Unfälle auf Katamaranen ereignen, sind das Auslaufen mit Überqueren der Brandung, deren Wellen Höhen zwischen 1 und 4 m erreichen, sowie das

Anlanden. Mehr als 60% der Todesursachen bestehen in Bewußtlosigkeit nach dem Unfall mit anschließendem Tod durch Ertrinken. Der Rest der tödlichen Unfälle entfällt auf Kopf- und Brustverletzungen. Bewußtlosigkeit und Verletzungen entstehen ursächlich dadurch, daß das Fahrzeug beim Kentern die zuvor herausgeschleuderten Fischer trifft.

An der für ihre Brandung berüchtigten Küste von Madras beobachte ich Fischer, die einen Katamaran zum Auslaufen fertig machen. Die Fischer verzurren Segel, Netze, Angelschnüre und anderes Gerät sorgfältig am Bootskörper. Sie wissen, warum. Drei Mann besteigen den Katamaran. Zwei von ihnen staken das Fahrzeug mit langen Bambusstangen, ein Paddler sitzt im Heck. Das Boot ist erst wenige Meter vom Strand entfernt, eine Brandungswelle packt es und treibt es zurück an den Strand. Die Fischer versuchen es erneut. Beim fünften oder sechsten Anlauf scheint es zu klappen. Das Boot passiert eine hohe schaumgekrönte Welle. Doch unmittelbar dahinter türmt sich eine noch höhere steile Welle auf, die das Boot erfaßt und es mit Gewalt umschlägt. Die Männer tauchen auf, sind sofort wieder am Boot und versuchen es umzudrehen, werden aber mit ihm an den Strand gerissen. Paddel und Stangen werden zusammengesucht und das Fahrzeug aufgerichtet. Ein vierter Fischer besteigt den Katamaran. Erneut wird Anlauf genommen. Die am Strande zurückbleibenden Fischer feuern die Besatzung mit lauten Rufen an, die im Tosen der Brandung untergehen. Eine mächtige Welle rollt auf das Boot zu. Die Fischer, die das Boot staken, stemmen sich gegen die anlaufende Welle. Die Bambusstangen biegen sich bedrohlich durch, für Sekundenbruchteile scheint das Boot in der Bewegung erstarrt zu sein. Dann, unendlich langsam, entspannen sich die Stangen, und

das Boot gleitet hinab in das nächste Wellental. Der ganze Vorgang hat etwa 25 Minuten gedauert.

Die etwa 33000 Floß-Katamarane der Madrasküste (Tamil Nadu) unterscheiden sich von jenen am Cape Comorin (Abb. 33). Ihr Boden ist trogförmig ausgeführt, und als technische Verbesserung finden wir einen durch Kokosfaserseile am Vorderteil des Bootskörpers befestigten schnabelförmigen Aufsatz, der die Funktion eines Vorstevens hat. Dieser Floß-Katamaran besteht aus mindestens drei, maximal neun (gewöhnlich fünf), verschieden langen Hölzern. Jedes Holz hat einen bestimmten Namen. Zum Beispiel heißt das mittlere und gleichzeitig längste Holz Thai Irukkai (Mutterholz oder Hauptholz). Die Hölzer sind nach Form und Größe gewissermaßen standardisiert, so daß für die verschiedenen Fischfangarten das jeweils erforderliche Fahrzeug nach dem Baukastenprinzip zusammengestellt werden kann.

Die einzelnen Hölzer werden durch eine kunstvolle Seilführung miteinander verbunden. Der schnabelförmige Bug besteht aus einem Stück im Falle eines aus drei Hölzern aufgebauten kleineren Katamarans (*Chinna Maram*) und wird mit zunehmender Katamarangröße aus drei bis fünf Teilen zusammengesetzt.

Die einzelnen Varianten des Floß-Katamarans haben unterschiedliche Namen, die erkennen lassen, für welche Fangtechniken sie benutzt werden, beziehungsweise welche Fischart sie fangen. So wird der *Thundil-Maram* (Angelhaken-Katamaran) in der Langleinenfischerei verwendet. Der größte an der Coromandel-Küste verwendete Katamaran ist der *Kola-Maram* (Kol: Fliegender Fisch), benannt nach dem fliegenden Fisch, den er fängt.

Bei Katamaranen, die zusätzlich gerudert werden, wird an den Seiten des Fahrzeuges ein „Geländer" in Form eines Bambusstabes aufgesetzt. Es trägt Schlaufen, die zur Befestigung der Riemen dienen. Zum Vortrieb werden beim Floß-Katamaran auch breitblättrige Paddel verwendet.

Mitunter wird an der Leeseite des Katamarans ein Bambusrohr von 15 bis 20 cm Durchmesser angebracht, das bei Krängung des Bootes eine zusätzliche Auftriebskraft und damit auch ein zusätzliches aufrichtendes Moment erzeugt. Das Boot hat ein mittleres Senkschwert und wird durch ein Paddel gesteuert.

Die Beseglung hat Ähnlichkeit mit der des Boot-Katamarans. Am Unterliek des Segels ist jedoch ein Baum angebracht, und der Mast wird in einer im vorderen Drittel des Fahrzeugs befindlichen Aussparung des äußersten luvseitigen Balkens des Bootskörper gelagert. Das Segel kann nicht gerefft werden. Seine Größe wird entsprechend der jeweiligen Windstärke gewählt. Wechselt die Windstärke während der Fangfahrt, so kann eine gewisse Anpassung des Segels an die Windverhältnisse vorgenommen werden. Der Mast hat hierfür drei Ringnuten, die einen Abstand von 28 beziehungsweise 20 cm voneinander haben. Bei zunehmendem Wind kann nun die Rah an einer der beiden unteren Nuten befestigt werden. Dadurch erhält das Segel eine bauchigere Form, die zu einer Verkleinerung seiner Projektion führt. Vor dem Wind kann die Segelstellung derart verändert werden, daß die Spitze des Segels nach unten zeigt. Dadurch fängt es mehr Wind, seine Wirkung wird erhöht.

Nach jeder Fangfahrt wird der Katamaran aus dem Wasser genommen und meist mit einigen Handgriffen in seine Bestandteile zerlegt, damit er in den wenigen Stunden bis zum nächsten Auslaufen trocknet und somit seine Schwimmfähigkeit erhalten bleibt.

Zum Bau von Katamaranen werden leichte Hölzer mit geringer Wasserabsorption (zum Beispiel Melia Dubia, Albyzzia Stipulata, Bombax Malabaricum) verwendet. Ihre Dichte ist mit 368 bis 415 kg/m^3, verglichen beispielsweise mit Eiche (690 kg/m^3) oder Teakholz (670 kg/m^3), klein und ihre Schwimmfähigkeit dementsprechend groß.

Als Anker werden Steine, Lochsteine und Holzanker verwendet. Letztere graben sich trotz ihrer primitiven Konstruktion gut in den Untergrund ein und haben eine ausreichende Haltekraft (Abb. 34).

Die weiter nördlich an der Küste von Andhra Pradesh (besonders im Raum von Vishakhapatnam) und Orissa gesegelten Fischereikatamarane (*Teppu* beziehungsweise *Teppa*) sind wiederum eine spezielle Form des Boot-Katamarans (Abb. 35). Sie weisen konstruktive Abweichungen vom Madras-Katamaran auf, die unter anderem in seitlich auf den Bootskörper aufgesetzten Planken bestehen und der Besatzung einen gewissen Schutz vor überkommenden Seen geben. Die Planken werden durch Holzstreben abgestützt.

Das Fahrzeug kann längsschiffs in zwei Hälften zerlegt werden (Abb. 36). Jede Hälfte besteht aus zwei Hölzern, der seitlichen Aufplankung und je einer Hälfte des scharf geschnittenen Vorsteventeils. Die beiden Hölzer und der dazugehörige Teil des Vorstevens, welche eine Katamaranhälfte bilden, sind durch Holznägel zusammengefügt. Die Seitenplanke ist mit dem äußeren Holz vernäht und durch zwei bis drei schräge Seitenstützen gehalten. Erforderlichenfalls kann zur Vergrößerung der Breite ein fünfter, mittig angeordneter Balken vorgesehen werden. Beim Verzurren der beiden Boothälften wird im Bug und im Heck je eine waagerechte Querstütze vorgesehen.

Das Segel gleicht jenem des Floß-Katamarans der Coromandelküste. Ein zentrales Senkschwert ist etwas vor Mitte Schiff angeordnet. Achtern ist ein weiteres Schwert vorgesehen, das in einer Kerbe verkeilt wird (Abb. 37).

Nördlich der Küste von Vishakhapatnam finden wir die Variante eines kleineren Boot-Katamarans, bestehend aus fünf Hölzern. Kennzeichnend für diesen Typ ist, daß alle Hölzer miteinander durch Holzpflöcke verbunden sind.

Seiner Bauart nach zu urteilen, ist der Katamaran gemeinsam mit dem Einbaumkanu das wohl älteste existierende Wasserfahrzeug Indiens. Aber erst im 17. Jahrhundert finden wir meines Wissens dessen erste kurze Beschreibung. Thomas Bowrey, der sich 1669/79 in Indien aufhielt, erwähnt den Katamaran der Coromandel-Küste als ein aus vier bis sechs Balken bestehendes Wasserfahrzeug, das 3 bis 4 t laden kann. Dr. Fryer (1674) beschreibt den Katamaran ebenfalls als ein Fahrzeug zum Transport von Gütern, das durch ein Segel angetrieben und mit einem Paddel gesteuert wird. Sein heute ausschließlicher Verwendungszweck als Fischereifahrzeug wird nicht erwähnt. Das dürfte wohl hauptsächlich damit zusammenhängen, daß ausländische Besucher, jedenfalls in der damaligen Zeit, sich kaum in eines der abgelegenen Fischerdörfer verirrt haben.

Abschließend noch einige Bemerkungen zur Takelage des Katamarans. Beim Wendemanöver aller vorstehend beschriebenen Katamarantypen muß der Mast gelegt und nach der Wende in einer anderen Position neu gestellt werden. Dieser Sachverhalt ist ungewöhnlich, ebenso wie die Form des Katamaransegels. Eine vergleichende Analyse führte den Autor zu der Schlußfolgerung, daß die Katamaransegel sowohl nach ihren äußeren als auch nach funktionellen Merkmalen jener Gruppe zuzuordnen sind, welche Hornell als „primitives Lateinsegel" Ozeaniens bezeichnet hat. Die wesentlichen Gemeinsamkeiten der Katamaransegel mit dem „primitiven Lateinsegel" werden nachstehend ohne Erläuterung genannt.

Die Segel haben Rah und Baum (Ausnahme: Segel des Katamarans am Cape Comorin) sowie eine ausgeprägte Dreieckform.

Der Mast muß beim Wendemanöver gelegt werden.

Der Mast dient neben den Wanten (Zugelement) als Druckelement, das dazu beiträgt, die Rah zu positionieren. Letztere nimmt dann die Funktion eines Mastes wahr.

Das Verbreitungsgebiet des „primitiven Lateinsegels" Ozeaniens umfaßt den Ostteil Polynesiens, Teile der Südostküste Neu-Guineas und der Ostseite Javas und bildet somit eine Kette, die in Richtung der indischen Ostküste weist.

Angesichts der genannten Sachverhalte können wir gelegentliche maritime Kontakte zwischen Ozeanien und Indien nicht ausschließen.

Geplankte Boote

Nachfolgend wird zunächst auf die Fertigung geplankter Boote eingegangen. Dabei werden jene Boote aus den Betrachtungen ausgeklammert, deren Konstruktionselemente wie Planke und Spant durch Nägel, Schraubenbolzen oder Nieten miteinander verbunden werden. Diese Verbindungstechnik sowie die damit verbundene Montagefolge weisen nämlich im indischen Bootsbau, verglichen mit der Technologie europäischer Holzboot-Werften, keinerlei markante Abweichungen auf, die eine spezielle Betrachtung rechtfertigen. Die Anwendung des Nähens als Verbindungstechnik dagegen führt zu einigen Besonderheiten der Montagetechnologie, die es verdienen, erwähnt zu werden.

Die Nähtechnik, die wahrscheinlich ebenso alt ist wie das erste geplante Wasserfahrzeug, ist heutzutage bei seegehenden Frachtsegelschiffen in Indien nicht mehr anzutreffen. Demgegenüber hat diese Verbindungstechnik bei hölzernen Wasserfahrzeugen, die auf Binnengewässern und in Küstennähe eingesetzt werden, überlebt und ist dort heute noch weit verbreitet. Das hängt hauptsächlich wohl damit zusammen, daß die Kokosnuß, die den für diese Verbindungstechnik benötigten Rohstoff liefert, fast überall in Indien billig erhältlich ist. Ferner können das für das Nähen benötigte Kokosfasergarn sowie Seile und Leinen an beliebiger Stelle mit geringem gerätetechnischen Aufwand in Heimarbeit gefertigt werden.

Am Rande sei erwähnt, daß die Kokosfasergarne und -seile als Verbindungselement keineswegs nur im Bootsbau verwendet werden. Häuser für Kurzzeiterfordernisse in den Größen von Zirkuszelten werden aus Bambusstangengerüsten und Palmenblättermatten errichtet. Zum Bau werden keine Nägel, sondern nur Kokosfaserseile verwendet. In Bombay zum Beispiel werden 18stöckige Hochhäuser zum Verputzen oder Streichen mit Bambusgerüsten eingerüstet, die ebenfalls nur durch Kokosfaserseile zusammengehalten werden. Das wohl imponierendste Bauwerk dieser Art war eine zum Nehru-Gold-Cup in Cochin 1983 errichtete Tribüne für 100 000 Fußballanhänger.

Die Kokosnuß ist eine in Indien in vielfältiger Weise verwendete Frucht. Der Chinese Ma Huan, der zu Beginn des 15. Jahrhunderts die Malabarküste aufsuchte, schrieb über die 10 Verwendungsmöglichkeiten der Produkte der Kokospalme sinngemäß: Der junge Baum hat einen Sirup, sehr süß und gut geeignet zum Trinken. Aus ihm kann Wein gemacht werden. Die ausgereifte Kokosnuß dagegen hat Fleisch, aus dem Öl, Zucker sowie ein Nahrungsmittel gewonnen werden. Aus den Fasern, welche die Außenschicht der Kokosnuß bilden, werden Leinen für den Schiffbau hergestellt. Aus der Schale werden Becher und Tassen gefertigt. Sie ist auch brauchbar, wenn zu Asche verbrannt, für Einlegearbeiten in Gold und Silber. Schließlich sind die Kokospalmenstämme für den Hausbau und die Blätter für die Bedachung geeignet. Heute, fast 500 Jahre später, hat sich hinsichtlich der Anwendungsgebiete kaum etwas geändert. Uns interessiert aber in diesem Zusammenhang nur die Seilherstellung.

Der erste Schritt besteht in der Gewinnung der Kokosfaser. Die Kokosnuß hat über der harten den Kern umschließenden Schale noch eine 2 bis 3 cm starke faserige Schicht. Diese faserige Außenschale wird, nachdem die Kokosnüsse gepflückt wurden, abgelöst, in eine flache mit Wasser gefüllte Grube getan und dann mit einer Erdschicht abgedeckt. Hier vollziehen sich nun durch Bakterien bewirkte chemische Reaktionen, die von einem penetranten Geruch begleitet werden. Nach etwa drei Monaten wird die Grube wieder geöffnet, die mürbe gewordenen Außenschalen der Kokosnuß werden herausgenommen und in die Sonne gelegt. Danach werden sie solange mit Stöcken geschlagen, bis sie sich in einzelne Fasern auflösen. Diese werden weiter getrocknet und zwischendurch gewendet, bis sie völlig durchgetrocknet sind.

Anschließend vollzieht sich das Verspinnen der Fasern zu Garnen und schließlich zu Seilen oder Leinen unter Verwendung einer Technik, die über Jahrhunderte wohl kaum eine Veränderung erfahren haben dürfte.

Im einfachsten Falle vollzieht sich die Herstellung einer Leine wie nachstehend beschrieben.

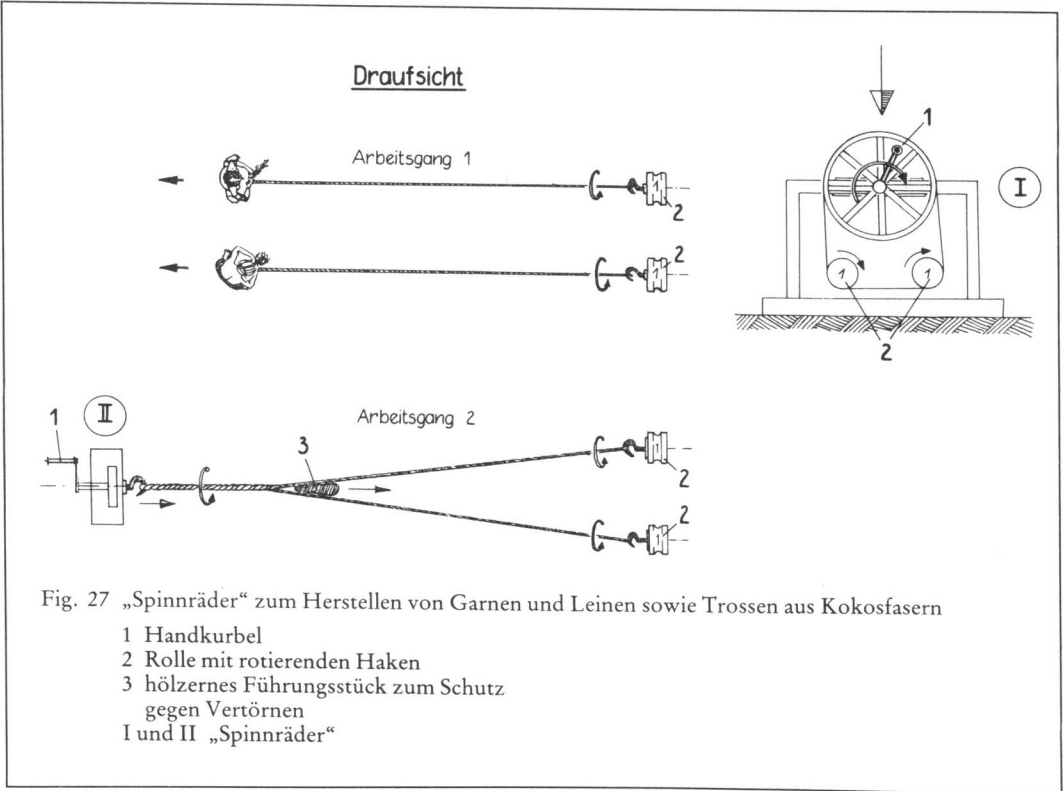

Fig. 27 „Spinnräder" zum Herstellen von Garnen und Leinen sowie Trossen aus Kokosfasern

    1 Handkurbel
    2 Rolle mit rotierenden Haken
    3 hölzernes Führungsstück zum Schutz
      gegen Vertörnen
    I und II „Spinnräder"

Durch ein mittels Handkurbel (1) gedrehtes Rad (Fig. 27) werden über eine geeignete Seilführung zwei Rollen (2) mit waagerechten gleichsinnig rotierenden Haken angetrieben – Spinnrad I. An jedem dieser Haken wird durch zwei parallel arbeitende Personen ein Garn angesponnen. Der Vorgang verläuft wie bei einem Spinnrad. Statt der Wolle wird ein Ballen Kokosfasern verwendet. Beim Spinnen des Garnes gehen beide Personen langsam rückwärts. Wenn die Garne die gewünschte Länge erreicht haben, werden sie am Ende zusammengeknüpft (Arbeitsgang 1) und am Haken eines auf Rädern in Längsrichtung verfahrbaren Spinnrades II befestigt, das ebenfalls durch eine Handkurbel betätigt wird. Im nun folgenden Arbeitsgang 2 werden beide Garne durch Spinnrad I weiter zusammengedreht und gleichzeitig

durch Spinnrad II zu einer dünnen Leine geschlagen, wobei ein herzförmiges mit Nut versehenes Holz (3) zum Schutze gegen ein Vertörnen beider Garne manuell in Richtung von Spinnrad I geführt wird. Auf ähnliche Art und Weise können stärkere Leinen und Trossen gefertigt werden.

Die zum Vernähen von Bootsplanken verwendeten dünnen Leinen bestehen im allgemeinen aus zwei Garnen. Die verwendeten Nähtechniken differieren in den einzelnen Ländern zum Teil erheblich, wie ein Vergleich der im indischen Bootsbau der Gegenwart meistverwendeten Naht mit jener eines arabischen Schiffsmodells und der eines altägyptischen Schiffes zeigt (Fig. 28).

Vor der Montage der Bootsplanken werden jene mit sehr starker Krümmung mit Kuhdung oder auch Öl eingestrichen, über

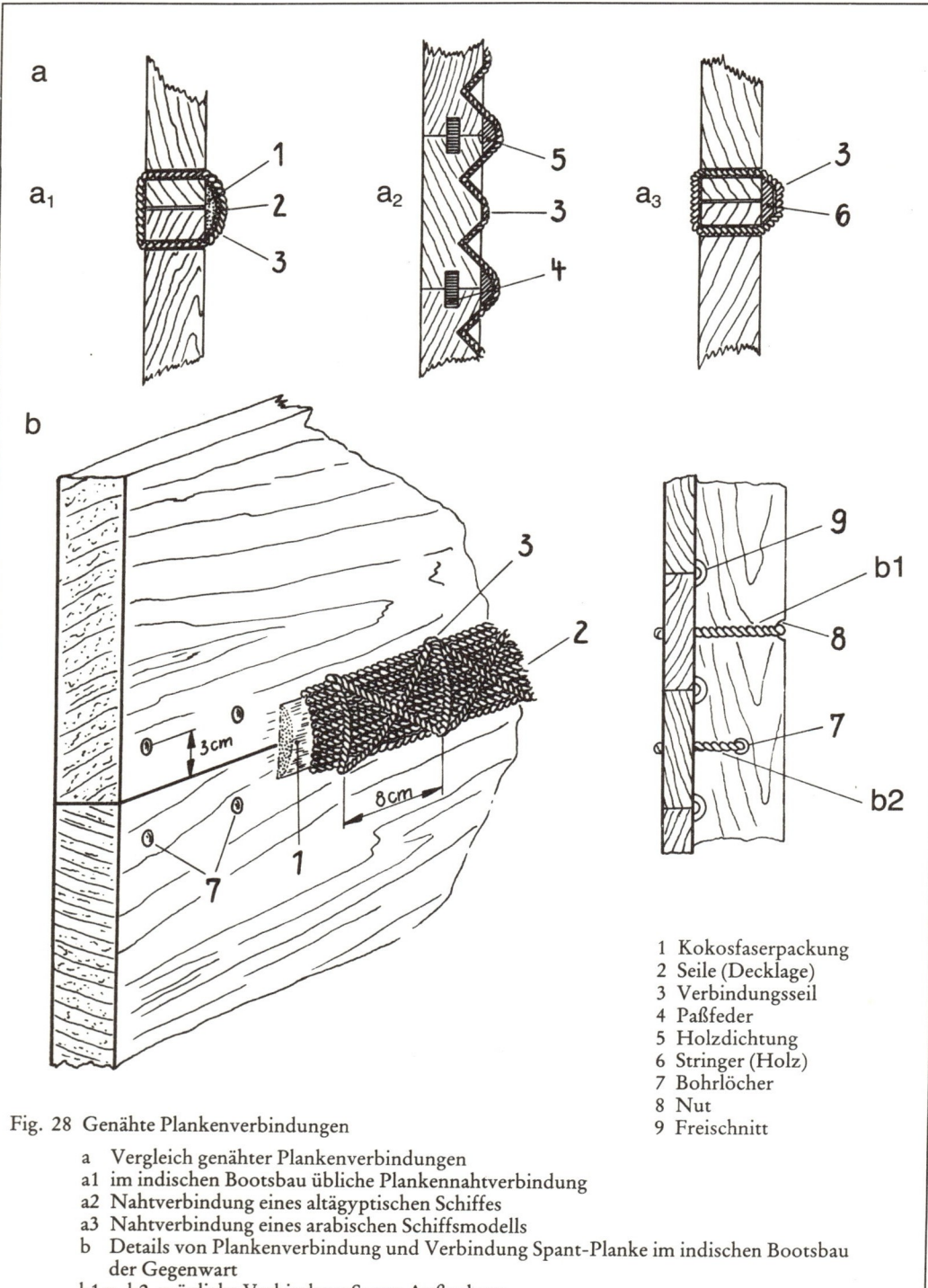

Fig. 28 Genähte Plankenverbindungen

    a   Vergleich genähter Plankenverbindungen
    a1 im indischen Bootsbau übliche Plankennahtverbindung
    a2 Nahtverbindung eines altägyptischen Schiffes
    a3 Nahtverbindung eines arabischen Schiffsmodells
    b   Details von Plankenverbindung und Verbindung Spant-Planke im indischen Bootsbau
        der Gegenwart
    b1 u. b2 mögliche Verbindung Spant-Außenhaut

1 Kokosfaserpackung
2 Seile (Decklage)
3 Verbindungsseil
4 Paßfeder
5 Holzdichtung
6 Stringer (Holz)
7 Bohrlöcher
8 Nut
9 Freischnitt

einem Holzfeuer erhitzt und in einfachen Spannvorrichtungen in die gewünschte Form gebogen und unter Last fixiert (Abb. 40).

Nach ein bis zwei Tagen kann dann die gebogene Planke aus der Spannvorrichtung entnommen und an dem im Bau befindlichen Bootskörper positioniert werden. Haben die Planken nur eine leichte Krümmung, so werden sie (zumindest im Bereich der Bodenbeplankung des Fahrzeuges) in geeigneter Weise an verschiedenen Stellen abgestützt und an anderen Stellen erforderlichenfalls mit Gewichten, zum Beispiel Steinen, beschwert, so daß die Planke den gewünschten Verlauf erhält. Danach werden an den Rändern zweier gegenüberliegender Planken etwa 3 cm vom Rand entfernt in Abständen von etwa 8 cm Löcher gebohrt, ebenso an den Stoßstellen der Planken. Dann wird eine Lage Kokosfaser und darauf eine Lage von etwa zwölf dünnen Leinen von innen auf die Nahtfuge zwischen zwei Planken gelegt. Anschließend wird die Naht mit einer dünnen Leine zusammengenäht. Die Leine wird mit einer Holznadel in das jeweilige Bohrloch eingeführt, durchgezogen, von außen mit einem Knebel durchgesetzt (Abb. 41 a) und dann von innen durch Einschlagen eines Holzdorns in das jeweilige Loch zeitweise fixiert. Danach wird die Leine mit der Holznadel von außen in das nächste Loch eingeführt, nach innen durchgezogen (Abb. 41 b), und der Vorgang wiederholt sich. Nach einigen Stichen wird die Dichtung in die in Fig. 28 b dargestellte überwölbte Form geschlagen (Abb. 41 c). Als Schlägel dient ein länglicher Stein, der die Form einer Banane hat. Nach Fertigstellen der Naht werden die Bohrlöcher abgedichtet. Dazu werden Kokosfasern mit den Händen zu kleinen Röllchen zusammengerollt und mit einem Dorn fest in die Bohrlöcher geschlagen. Die Dichtung wird anschließend mit Fischöl eingestrichen.

Die in Abständen von 60 bis 100 cm angeordneten Spanten werden ebenfalls mit der Beplankung durch Nähen verbunden. Das Nähen als Verbindungstechnik gestattet praktisch nicht die Anwendung der Gerüstbauweise, da erst die Plankennähte fertiggestellt sein müssen, ehe die Spanten als Versteifungselemente montiert werden. Das heißt, hier wird eigentlich die Montagefolge der Schalenbauweise angewendet und zusätzlich, nachdem zuerst die Schale montiert wurde, das Spantgerippe in die Schale eingesetzt.

Die Nähtechnik wurde hier deshalb so genau beschrieben, weil sie für den Bau seegehender Schiffe bereits recht lange ausgestorben ist und auch die Tage der genähten Boote gezählt sind.

Auf den Flüssen, Seen, Achterwassern und im küstennahen Bereich Indiens ist eine Vielzahl von Bootstypen im Einsatz. Wie bereits bei der Behandlung der Urtypen deutlich wurde, haben die meisten Bootstypen regionalen Charakter. Deren Beschreibung erfolgt deshalb zweckmäßigerweise zusammengefaßt nach regionalen Gruppen.

An Bengalens Küsten und Wasserstraßen

Wohl kein Fluß in Indien ist dem Ganges ebenbürtig im Hinblick auf die Vielfalt und Vielzahl der dort eingesetzten traditionellen Wasserfahrzeuge.

Im Gegensatz zu allen anderen Fahrzeugen hat das kleine Gangesboot, auch als Gondel des Ganges bezeichnet, einen hochaufragenden, spitz zulaufenden Bug, der 0,5 bis 0,75 m höher ist als das Heck. Mittschiffs befindet sich ein tonnenförmiges Dach. Dahinter ist ein hoher Bambusmast mit einem Sprietsegel angeordnet. Das gewissermaßen als Taxi der Wasserstraßen dienende kleine Fahrzeug hat nur

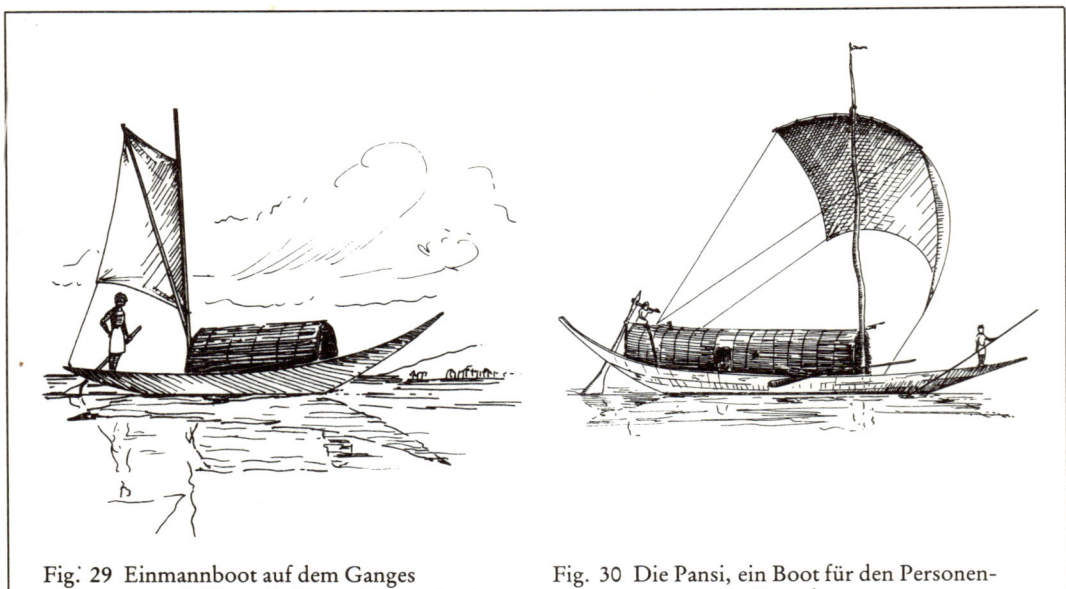

Fig. 29 Einmannboot auf dem Ganges
(nach J. Hornell: The origins and...)

Fig. 30 Die Pansi, ein Boot für den Personentransport in Bengalen
(nach J. Hornell: The boats of...)

einen Mann als Besatzung und wird gesteuert durch ein langes seitlich im Achterschiff angeordnetes Paddel (Fig. 29).

Die anderen Boote des Ganges haben, weil sie häufig gegen die Strömung gerudert werden müssen, im Vorschiff fast keinen Sprung. Das ist notwendig, da die Ruderer nicht, wie in Europa üblich, mittschiffs, sondern im Vorschiffsbereich sitzen. Das Heck ist oftmals beträchtlich höher als der Bug und gibt dem Steuermann den erforderlichen Ausblick. Bug und Heck haben normalerweise eine scharfe Linienführung (Abb. 43).

Boote für die Personenbeförderung (*Pansi*) haben mittschiffs eine Kabine. Der Mast ist vor der Kabine angeordnet. Als Beseglung wird vorzugsweise ein großes Sprietsegel, gelegentlich aber auch ein Rahsegel verwendet (Fig. 30). Der Rudergänger steht auf einer erhöhten, über dem Achterteil der Kabine angeordneten Plattform. Die Länge einer *Pansi* variiert zwischen 6 und 10 m. Die Breite und die

Seitenhöhe betragen 1,5 bis 2,5 m beziehungsweise 1 bis 1,2 m. Die Tragfähigkeit des Bootes liegt je nach Größe zwischen 1 und 6 t.

Die kleinen Fischerboote des Gangesgebietes haben im Normalfalle keine Kabine (Fig. 31), höchstens in der Regenzeit. Falls vorhanden, ist die Kabine, oder besser gesagt Überdachung, stets hinter dem Mast angeordnet. Die Fischerboote sind, obwohl sie sich in ihrer Form und in konstruktiven Details wesentlich unterscheiden, allgemein unter der Bezeichnung *Jalia*-Boote bekannt. Sie haben außerdem eine Vielzahl von Namen, die jedoch nicht aus äußeren Unterscheidungsmerkmalen resultieren, sondern von der Art des zum Fischfang verwendeten Netzes abgeleitet sind. Die bekanntesten unter ihnen heißen *Sangla*. Ihre Maße (Länge = 4,5 bis 7,5 m, Breite = 1 bis 1,2 m) vermitteln eine Vorstellung über die Größe dieser Fischerboote. Die *Jalia*-Boote haben einen gerundeten Boden, sind schlank und haben

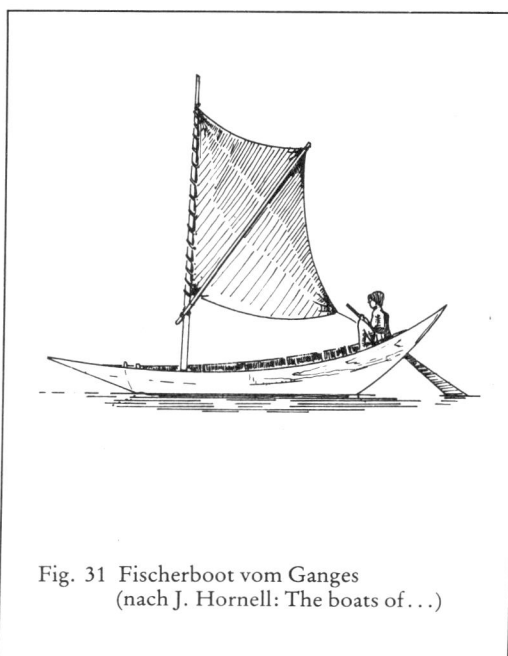

Fig. 31 Fischerboot vom Ganges
(nach J. Hornell: The boats of...)

sehr schlanke Linien, Bug und Heck sind gleich hoch, und beide fallen sehr stark aus. Der durch Bug und Heck gebildete Überhang beträgt gewöhnlich 50 bis 55% der Gesamtlänge des Fahrzeuges (Fig. 32).

Die Linienführung des Vor- und Achterschiffes unterscheidet sich nur unwesentlich. Das Boot hat keine Spanten. Zur Aussteifung des Bodenbereiches dienen hölzerne Bodenwrangen. Es stellt mithin eine Schalenkonstruktion dar. Die Planken (Fig. 32) werden durch Stahlklammern zusammengehalten. Das Bauholz der Batchari-Boote ist Teak. In diesem ölhaltigen Holz müssen auch unverzinkte Nägel und Stahlklammern erst nach etwa 30 Jahren ausgewechselt werden. Die Lebensdauer eines solchen Bootes beträgt 30 bis 40 Jahre.

Batcharis sind offene Boote, erhalten aber oftmals (zum Beispiel als Fischereifahrzeuge) eine Abdeckung, bestehend aus aufgespaltenen Bambusstangen. Die größeren dieser zum Fischfang verwendeten Boote (Länge = 24 m, Breite = 2,4 m) haben mittschiffs eine tonnenförmige Überdachung (gebogene Holzstäbe, abgedeckt mit Bambusmatten). Eine Besatzung von

vorne und achtern starken Sprung. Die Fahrzeuge sind mit drei bis vier Mann besetzt.

Batchari-Boote werden für den Gütertransport, aber auch zum Fischen verwendet. Mitte der 50er Jahre waren etwa 6000 Boote dieses Typs im Einsatz. Sie haben

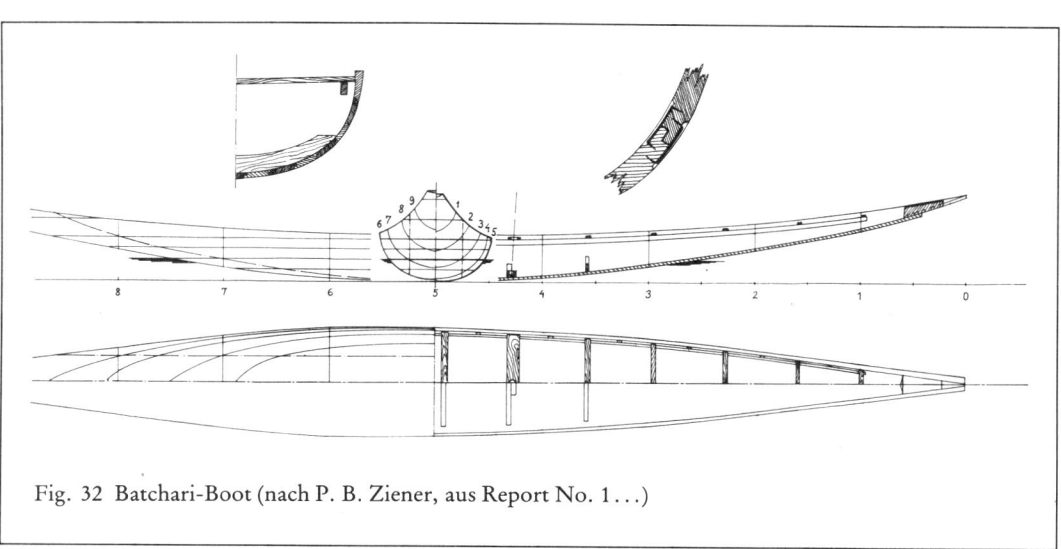

Fig. 32 Batchari-Boot (nach P. B. Ziener, aus Report No. 1...)

vier und mehr Mann ist zum Betreiben des Bootes und zum Fischfang nötig (Abb. 44).

Batcharis, die besonders zum Gütertransport eingesetzt werden, haben eine lange Kabine mit tonnenförmigem Mattendach, die an beiden Enden durch Türen verschlossen ist. Ein Mast mit einem Sprietsegel ist, falls vorhanden, in der vorderen Hälfte des Fahrzeuges angeordnet. Die *Batcharis* operieren oft im flachen Wasser, wo das Staken die zweckmäßigste Vortriebsvariante darstellt.

Mechho Batchari ist ein Fahrzeug zum Transport von lebendem Fisch. Der Laderaum des Bootes ist durch Querschotten in Abteilungen untergliedert, die teilweise mit Wasser gefüllt sind zur Aufnahme der lebenden Fische. Die 10 bis 15 m langen Boote haben mittschiffs eine Kabine. Davor befindet sich ein Mast mit einem braunen oder blauen Segel. Zusätzlich sind zum Vortrieb zwei Ruderer vorgesehen.

Batchari-Boote wurden in alten Zeiten auch von nomadisierenden Räubern benutzt, die auf den weitverzweigten Deltas einiger Flüsse Bengalens operierten. Auf Grund der hohen Geschwindigkeit, welche diese mit vielen Ruderern besetzten Fahrzeuge erreichten, konnten sie nach dem Überfall auf ein Frachtschiff oder Dorf meist unerkannt in dem Flußlabyrinth entkommen. Noch zu Anfang unseres Jahrhunderts wurden *Batchari*-Boote für Raubüberfälle benutzt.

Für Bootsrennen werden *Batchari*-Boote mit Längen bis zu 33 m verwendet. Sie sind mit maximal 100 Ruderern besetzt.

Die Konzeption des Schiffrumpfes der Frachtsegler des Ganges ähnelt jener der vorstehend beschriebenen kleineren Fahrzeuge. Wegen der häufig auftretenden Notwendigkeit, das Fahrzeug gegen die Strömung zu rudern, ist es vorne recht niedrig. Das erleichtert den im Vorschiff befindlichen Ruderern die Arbeit. Bug und

Fig. 33 Malar Panshi, kleiner Frachtsegler vom Ganges (nach J. Hornell: The boats of...)

Heck haben gewöhnlich schlanke Linien. Das Heck ist weit nach oben gezogen und weist einen starken Sprung auf. Der Rudergänger hat dadurch eine gute Sicht. Die Ruder der Fahrzeuge variieren in weiten Grenzen.

Einer der kleinsten Transportsegler, *Malar Panshi*, unterscheidet sich von den anderen Fahrzeugen dadurch, daß das Heck nur wenig aufragt. Die Schiffsbreite ist verhältnismäßig groß. Ein typischer Vertreter dieser Klasse hat folgende Abmessungen: Länge = 12,5 m, Breite = 4,2 m, Seitenhöhe = 1,4 m (Fig. 33). Die Außenhautplanken werden ähnlich wie bei der *Batchari* durch Eisenklammern zusammengehalten. Der Mast steht vor Mitte Schiff. Unmittelbar dahinter ist eine Überdachung aus Palmenblättermatten zum Schutze der Ladung vorgesehen. Vorder- und Achterteil des Schiffes sind gedeckt. Am Hinterende der Überdachung ist eine Plattform aus Bambusstäben errichtet, auf welcher der Rudergänger steht und das Fahrzeug mit einem langen Seitenruder steuert. Das Ruder ist in einer Seilschlinge am Dollbord gelagert. Um die

Fig. 34 Die Patela, ein Flußschiff für den Gütertransport
(nach J. Hornell: The origins and ...)

Fig. 35 Prunkboot auf dem Ganges
(nach J. Hornell: The boats of ...)

Lage, das heißt den Anstellwinkel, des Ru-
derblattes bequem verändern zu können,
ist am oberen Ende des Ruders eine Art
Ruderpinne angebracht.

Der Mast kann erforderlichenfalls (zum
Beispiel beim Passieren von Brücken) nach
achtern geklappt werden. Der Drehpunkt
liegt genügend hoch, so daß der geklappte
Mast auf der Plattform des Rudergängers
abgestützt werden kann. Der Mast führt
im Gegensatz zu den kleineren Fahrzeugen
ein Rahsegel. Bei günstigem Wind wird oft
noch ein kleines Toppsegel gesetzt. Das
Schiff kann erforderlichenfalls (Flaute, Ge-
zeitenstrom) zusätzlich gerudert werden.
In Fig. 33 sind die im Vorschiff angeordneten Ruderdollen erkennbar.

Die *Patela* (auch bekannt unter der Bezeichnung *Patunga*) und die *Ulakh* sind im
Gegensatz zu allen bisher behandelten
Wasserfahrzeugen mit einer Klinkerbeplankung versehen. Diese für den indischen Schiffbau völlig untypische Beplankungsart existiert meines Wissens nur noch
an zwei weiteren Stellen in Indien. In den
Achterwassern von Madras finden wir
klinkergeplankte Boote mit der Linienfüh-

rung von Einbaumkanus. Ferner kommt
diese Beplankungsart auch noch in Orissa
vor. Das Heck der *Patela* ebenso wie das
der *Ulakh* hat einen Sprung und liegt höher
als der Bug (Fig. 34). Die Heckpartie wird
besonders unterstrichen durch eine Kabine
mit einer Mattenverkleidung. Über der
Kabine befindet sich eine Plattform für den
Rudergänger und die Mannschaft. Im
Flachwasser wird das Schiff von dieser
Plattform aus gestakt. Der normalerweise
aus zwei Teilen bestehende Mast ist etwa
mittschiffs angeordnet und führt ein Rahsegel. Stromaufwärts wird das Fahrzeug
bei ungünstigem Wind getreidelt. Die Zug-
seile werden am oberen Ende des Mastes
befestigt.

Hervorstechendes Merkmal von *Patela*
und *Ulakh* ist das große dreieckige Heck-
ruder. Ein Teil der Ruderfläche liegt vor
der Drehachse, so daß ein teilweise ausbalanciertes Ruder entsteht (Abb. 45). Der
Ruderschaft ist senkrecht und am oberen
Ende mit einer Ruderpinne versehen. Das
Ruder ist backbords zwischen den Enden
zweier über die Bordwand hinausragender
Balken aufgehängt. Der Ruderschaft ist

zusätzlich am letzten Querbalken der Plattform des Rudergängers befestigt. Das Ruder ist ferner gesichert durch zwei Trossen, die Ruderblatt und Bootskörper miteinander verbinden (Fig. 34). Das Ruderblatt besteht aus einem dreieckigen Rahmen, in den vertikal Planken eingesetzt sind, die wiederum durch drei bis vier waagerecht aufgesetzte Querlatten verstärkt werden.

Prunkboote der Maharajas, Großgrundbesitzer und anderer für feierliche Prozessionen (zum Beispiel anläßlich von Staatsbesuchen) auf dem Ganges (Fig. 35) waren dekorativ gestrichen, hatten am Bug eine Galionsfigur (Pferd oder Vogel), und auch das hoch aufragende Heck endete in einer Tierdarstellung. Daneben gab es Doppelrumpfschiffe, deren Rümpfe mit Querbalken verbunden waren, auf denen riesenhafte, in leuchtenden Farben gestrichene Skulpturen, beispielsweise von Vögeln und Tigern, mitgeführt wurden. Diese Fahrzeuge wurden durch eine große Anzahl von Ruderern angetrieben.

Weitere Wasserfahrzeuge des Ganges sind nachfolgend (in alphabetischer Reihenfolge geordnet) zusammengestellt:

Badjra (auch Bajra, durch Europäer in Budgerow entstellt): Gedecktes Boot mit Kabine zum Personentransport. Über dem Kabinendach befindet sich eine Plattform für den Rudergänger. Mittschiffs ist ein Mast mit Rahsegel angeordnet. Bei leichtem Wind fahren die großen *Badjras* zusätzlich ein Toppsegel. Die Länge der Fahrzeuge erreicht 15 m, die Breite etwa 4,8 m. Vier bis acht im Vorschiff sitzende Ruderer dienen erforderlichenfalls zusätzlich dem Vortrieb des Fahrzeuges. In früheren Zeiten war die *Badjra* das Reiseboot aller hochgestellten Beamten und erreichte Längen von 18 m und mehr.

Balam: In Meeresarmen und Flußmündungen verkehrendes großes Kanu mit Klappmast. Wenn es gerudert wird, so werden hierfür 16 bis 30 Mann eingesetzt. Da das Kanu meist eine beträchtliche Größe und Seitenhöhe hat, wird es im Stehen gerudert. Zum Steuern dient ein am Achtersteven angeordnetes Ruder mit Pinne und ovalem Ruderblatt. Die Rumpfkonstruktion der *Balams* entspricht jener der Kanus von Goa und Ratnagiri. In der Monsunzeit wird das Boot aus dem Wasser genommen, in seine Bestandteile zerlegt und bis zum Ende des Südwestmonsuns gelagert.

Bhadra Kullai: Holztransporter ähnlich der Hola.

Bhar: Jute-Transporter, der besonders ausgelegt ist für leichte Ladung. Bug und Heck sind flach, und die Schiffsbreite ist relativ groß. Im Heckteil befindet sich eine kleine Kabine. Dahinter ist in Verlängerung des Kabinendaches eine kleine Plattform für den Rudergänger angeordnet. Die Ladung ist bis weit über die Bordwände gestaut und wird seitlich abgestützt durch Bambusstäbe, die zwischen Ladungsballen und Bordwand geschoben sind. Zum Wetterschutz dienen Persenninge. Der zweiteilige Mast ist mittschiffs angeordnet und führt ein Rahsegel, gegebenenfalls auch ein Toppsegel.

Bhaulia (auch Bhauleah): Kleines schnelles Boot für die Personenbeförderung oder den Transport leicht verderblicher Güter. Es hat eine hölzerne Kabine und wird durch 4 bis 6 Riemen angetrieben. Vor der Kabine ist ein einfacher Mast oder auch ein Klappmast angeordnet, der vorzugsweise ein Sprietsegel trägt.

Chandi: Großes Fischerboot, dessen Bug und Heck etwa gleich hoch, aber niedriger als beim *Jalia*-Boot sind. Es wird zur Driftnetzfischerei in den Flußdeltas verwendet. Die Länge erreicht 20 m. Die zugehörige Breite ist 3,3 m. Mittlere Abmessungen des Fahrzeuges: Länge = 10,5 m,

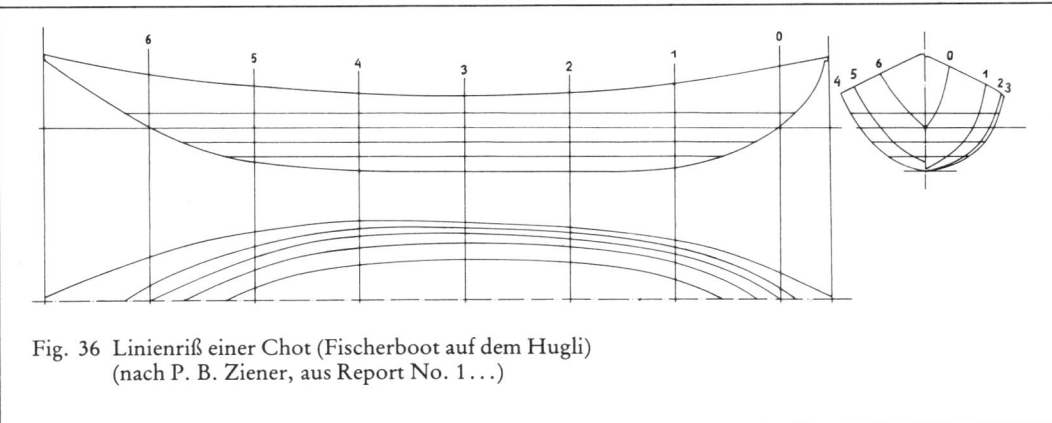

Fig. 36 Linienriß einer Chot (Fischerboot auf dem Hugli)
(nach P. B. Ziener, aus Report No. 1...)

Breite = 1,65 m, Tiefgang = 0,6 m. Das Heck liegt 1,2 und der Bug 1 m über dem Wasserspiegel. Beide Schiffsenden sind gedeckt. Wenn *Chandis* zum Fischen eingesetzt werden, so wird das gesamte Fahrzeug zeitweise mit Bambus eingedeckt. Auf größeren Flüssen wird die *Chandi* auch als Fährboot verwendet.

Chhip: Etwas größeres Wasserfahrzeug als die *Bhaulia*. Der Verwendungszweck ist gleich. Größere Boote dieses Typs werden für Bootsrennen und wurden in früheren Zeiten durch nomadisierende Räuber auch zu nächtlichen Überfällen auf Flußschiffe und Dörfer verwendet.

Chot: Fischerboot auf dem Hugli-Fluß. Es wird meist gerudert und hat einen großen Freibord. Abmessungen: Länge = 10 m, Breite = 2,6 m, Seitenhöhe = 1,1 m. Die Tragfähigkeit beträgt 3 t (Fig. 36).

Hola: Transporter für Kohle und Ziegelsteine. Die Konstruktion ähnelt jener der größeren Bhar. Der Mast ist einteilig und führt ein Rahsegel. Hinter der achterlichen Kabine befindet sich eine Plattform für den Rudergänger (Fig. 37).

Khanjai Kutti: Etwa „kurze stämmige Frau". Das Fahrzeug ist so benannt wegen seiner Linienführung. Es wird zum Holztransport eingesetzt.

Kopai: Transportfahrzeug für Reis, aber auch für Kokosnüsse, Früchte und Tabak, das gestakt wird. Die *Kopai* verfügt über ein etwa 40 cm breites Gangbord, das außerhalb der Bordwand liegt und auf dem sich die Männer während des Stakens bewegen. Der Steuermann steht auf einer kleinen erhöhten Plattform und bedient das dreieckige Ruder. Eine tonnenförmige Überdachung erstreckt sich über den größten Teil des Fahrzeugs. Mittschiffs ist ein klappbarer Mast angeordnet, der bis zu zwei Rahsegel führt. Die Länge des Fahrzeuges beträgt 10 bis 20 m.

Kosh: Ein Wasserfahrzeug vom *Badjra*-Typ, jedoch kleiner. Der Mast ist vor der Kabine angeordnet und kann in Höhe des Kabinendaches geklappt werden. Das Fahrzeug verfügt über 4 Ruderer.

Fig. 37 Eine der kleinsten Holas. Sie dient dem Transport von Kohle und Ziegelsteinen
(nach J. Hornell: The boats of...)

75

Othar: Ein großes Fischerboot, das einer *Batchari* gleicht. Der Unterschied im Namen leitet sich aus dem zum Fischfang verwendeten Netz (Othar Jal) ab.

Parulia Bistupurai: Ein Holztransporter, welcher der *Bhar* ähnelt. Er verfügt über ein ausbalanciertes Stevenruder.

Pulwar: Flußtransportschiff im Bezirk Dacca. Die *Pulwar* ist größer als die *Kopai* und führt einen Mast mit Rahsegel. Der Schiffskörper weist starke Ähnlichkeit mit der *Patela* auf.

Pinish: Kleineres Boot vom *Badjra*-Typ. Es hat nur ein Rahsegel und wird mitunter auch zum Schildkrötenfang verwendet.

An Indiens Ostküste

An der Ostküste Indiens verdienen hauptsächlich drei geplankte Boote eine detailliertere Beschreibung. Es sind dies die *Masula*, die *Nava* und die *Schuh-Doni*.

Das von den Europäern als *Masula* bezeichnete Boot, von den Fischern der Coromandel-Küste *Padagu* oder *Salangu* genannt, wird in der Küstenfischerei sowie auch als Leichter verwendet. Es kommt an der gesamten Ostküste nördlich von Cape Calimere vor (Fig. 38). Da das Fahrzeug sich niemals weit von der Küste entfernt, hat es keine Besegelung. Acht bis zwölf im vorderen Bereich des Bootes sitzende Männer rudern es mit Riemen, die wenigstens 4 m lang sind (Fig. 38). Zum Steuern dient ein langes Seitenruder.

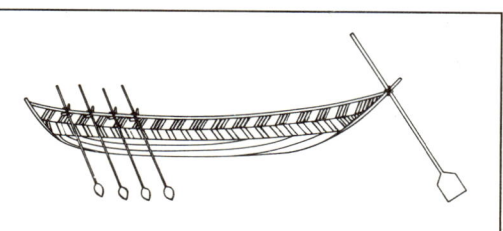

Fig. 38 Masula-Boot an der Küste von Andhra Pradesh
(nach J. Hornell: The origins and...)

Ein an der Küste von Madras vermessenes großes *Masula*-Boot wies folgende Maße auf: Länge = 14 m, Breite = 2 m, Seitenhöhe = 1,15 m, Höhe Vor- und Achtersteven = 1,85 m (Abb. 46). Die meisten *Masula*-Boote sind bunt gestrichen. Das Boot ist eine aus genähten Planken bestehende Schalenkonstruktion. Zur Versteifung des Rumpfes sind an den Enden kurze Decks und im übrigen Bereich Deckbalken angeordnet. Da die Boote die Brandung durchqueren müssen, haben sie einen großen Freibord, das heißt die Zuladung ist relativ gering, verglichen mit ihrer möglichen Tragfähigkeit.

An der Madras- und Andhra Pradesh-Küste waren Mitte der 50er Jahre etwa 2500 Boote dieses Typs im Einsatz, eine Zahl, die sich gegenwärtig kaum verändert haben dürfte.

Ein weiterer Bootstyp der Ostküste ist die *Nava*, welche als Fischereifahrzeug dient. Ihr Einzugsgebiet sind die Küstenbereiche von Masulipatam und Kakinada.

Die *Nava* von Masulipatam variiert wenig in ihren Hauptabmessungen (Länge = 9,5 m, Breite = 1,5 m, Seitenhöhe = 0,7 m) und ist verhältnismäßig schlank (Fig. 39). Der fehlende Kiel und die gerundeten Kimmbereiche machen sie hervorragend geeignet für das Manövrieren in flachen Achterwassern und schlammigen Passagen. Die kräftige Teakholzkonstruktion des Rumpfes ermöglicht auch das Anlanden des voll beladenen Bootes an Brandungsküsten. Die *Nava* aus dem Küstenbereich von Kakinada ist etwas größer und vor allem breiter (Breite = 1,95 m). Die *Nava* ist mit einem Seitenschwert ausgestattet und gilt als schneller Segler. Die Besegelung besteht aus zwei Lateinsegeln. Das Hauptsegel, das allein zum Navigieren auf Flüssen und Kanälen benutzt wird, ist an einer hoch aufragenden Rah befestigt, damit das Segel trotz der

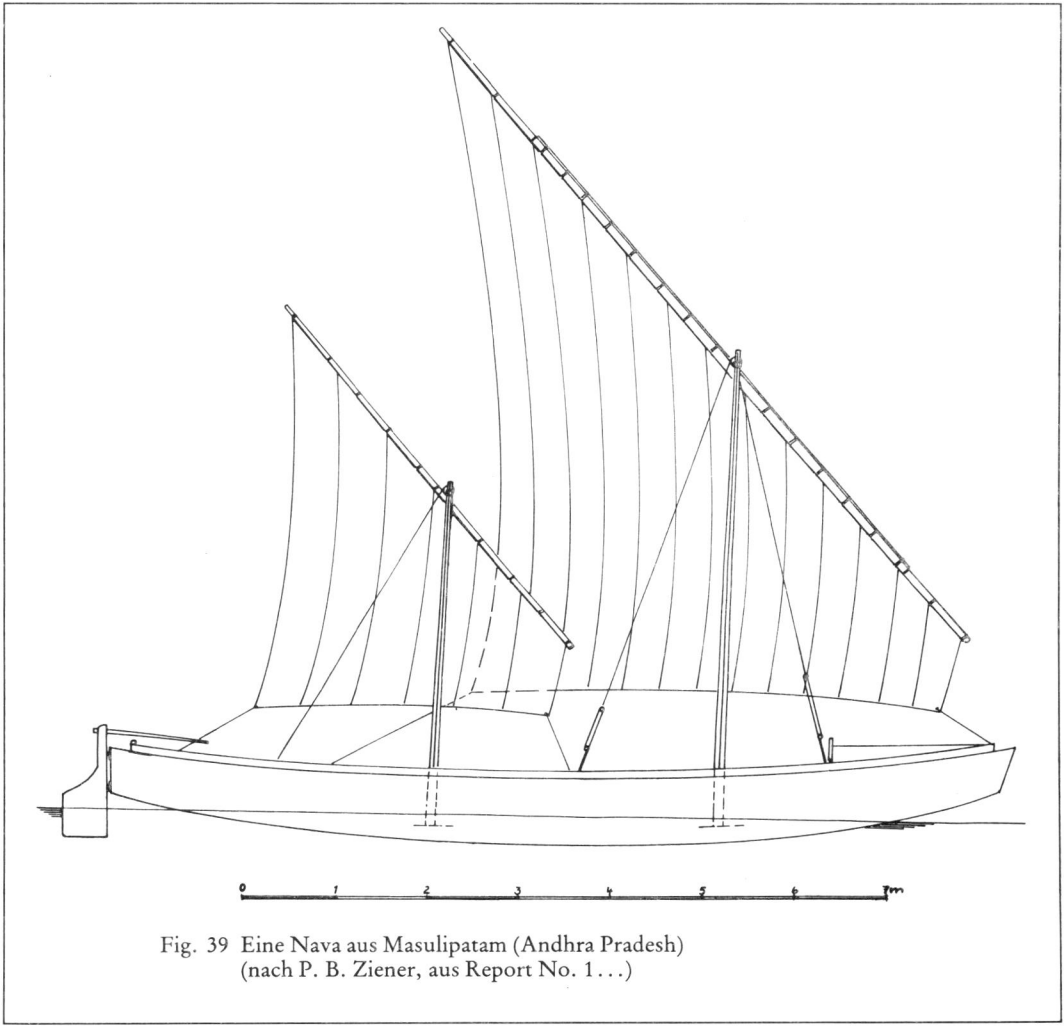

Fig. 39 Eine Nava aus Masulipatam (Andhra Pradesh)
(nach P. B. Ziener, aus Report No. 1...)

Uferbänke genügend Wind fängt. Die Besatzung besteht meist aus vier Mann.

Im Delta des Godavari-Flusses und speziell in Kakinada waren um 1950 insgesamt etwa 3000 *Schuh-Donis* in der Fischerei eingesetzt. Die *Schuh-Doni* (Fig. 40) hat, wie ihr Name sagt, tatsächlich eine gewisse Ähnlichkeit mit einem Schuh oder Pantoffel. Das gedeckte Fahrzeug hat einen ausgeprägten Balkensteven und -kiel, der im Vorschiffsbereich bis unter die Mastspur reicht, sowie ein Spiegelheck. Der aus Teakholz bestehende Bootskörper wird

außen geteert. Der Mast ist etwa 5,7 m hoch und führt ein Rahsegel. Bei leichtem Wind ist die *Schuh-Doni* ein sehr schneller Segler. Sie kreuzt jedoch schlecht, was offenbar mit dem Typ des verwendeten Segels zusammenhängt. Der Rudergänger steht auf dem Achterdeck und steuert das Fahrzeug mit einem 4 m langen Riemen, der in der Mitte des Hecks gelagert ist. Bei Flaute wird der Riemen auch zum Vortrieb benutzt. Wenn das Boot gestakt wird, stehen zwei Männer mit Bambusstangen auf dem breiten Vordeck und staken das Fahr-

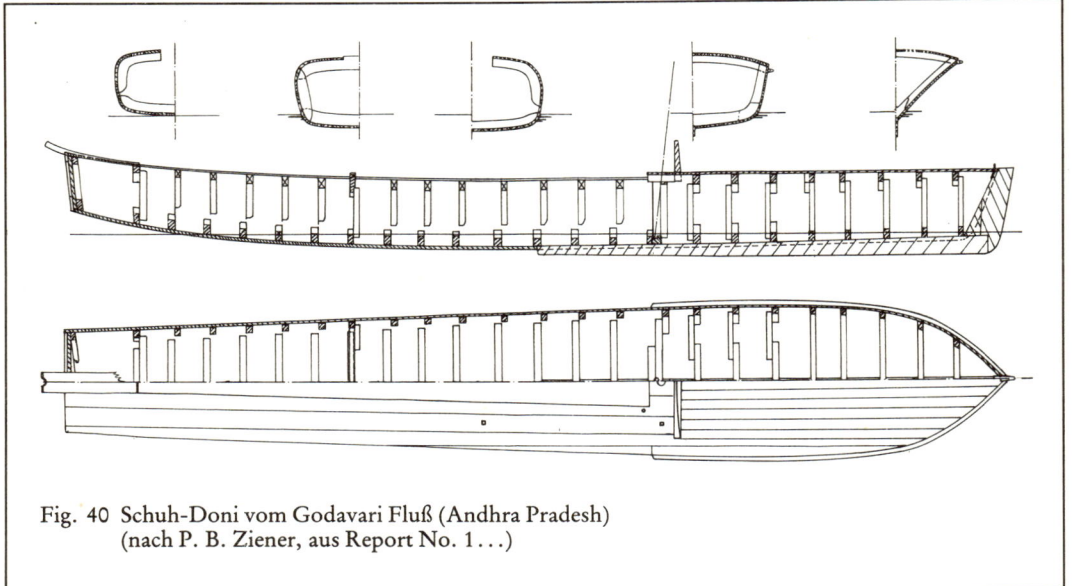

Fig. 40 Schuh-Doni vom Godavari Fluß (Andhra Pradesh)
(nach P. B. Ziener, aus Report No. 1 ...)

zeug mit dem Heck voraus. Die Hauptabmessungen einer *Schuh-Doni* betragen: Länge = 8 m, Breite = 1,1 m, Seitenhöhe = 0,6 m.

Hornell weist auf die Ähnlichkeit der äußeren Form der *Schuh-Doni* und des aus Stämmen der Palmyra-Palme gefertigten *Sagadam*-Kanus (s. Fig. 4) hin. Er schlußfolgert daraus, daß das *Sagadam*-Kanu der Vorläufer der geplankten *Schuh-Doni* ist. Beide Fahrzeuge kamen ursprünglich nur auf dem Godavari-Fluß und seinem Delta vor.

Nachfolgend werden noch einige an der Küste von Orissa gebräuchliche Fischerboote (in alphabetischer Reihenfolge geordnet) kurz beschrieben:

Chhoat: Großes Fischereifahrzeug (Länge 10 bis 11 m) mit Karweelbeplankung. Die *Chhoat* fischt bis zu 35 km von der Küste entfernt.

Donga: Fischerboot an der Nordküste von Orissa. Seine Länge beträgt 7,5 bis 9 m. Das einmastige Fahrzeug hat eine Klinkerbeplankung und völlige Linien. Seine größte Breite liegt vor Mitte Schiff.

Die Steven sind nahezu senkrecht. Die Lebensdauer der *Donga* liegt bei 15 Jahren. Fischfang wird bis zu 20 km von der Küste entfernt betrieben.

Eine 10 bis 11 m lange Variante der *Donga* hat einen flachen Boden und wird vorzugsweise in den Flußmündungen von Orissa zum Fischfang eingesetzt. Nur selten wird sie in der Küstenfischerei verwendet.

Nava: Wird von Andhra Pradesh importiert. Die Lebensdauer einer *Nava* beträgt, des verwendeten Baumaterials wegen, das billiger als Teakholz ist, nur etwa 10 Jahre.

Patia: Ein Fischereifahrzeug mit Klinkerbeplankung. Es ist der *Donga* ähnlich, jedoch größer (Länge 8,5 bis 10,5 m).

Podhua: Sie ist eine kleinere weniger elegante Ausführung des *Masula*-Bootes (Länge = 7 bis 8,5 m). Das Fahrzeug hat keine Spanten. Die genähte Rumpfkonstruktion ist für den rauhen Betrieb an Brandungsküsten geeignet. Die Lebensdauer der *Podhua* beträgt allerdings nur 5 Jahre. Sie wird in einer maximalen Entfernung von 1,5 km von der Küste eingesetzt.

Sabado: Sie ähnelt in der Konstruktion der *Salti*. Die Länge liegt zwischen 9,8 und 13,5 m. Das Fahrzeug dient bis zu 10 km Entfernung von der Küste zum Fischfang.

Salti: Fischereifahrzeug (Länge 7 bis 10 m) mit aufragenden Steven und ovalen Spanten. Das Fahrzeug ist wenig seetüchtig und wird nur bei gutem Wetter, jedoch nicht weiter als 10 km von der Küste entfernt, eingesetzt.

Am Golf von Mannar

In Tuticorin entstand mit dem Aufkommen der Dampfschiffahrt in der Mitte des 19. Jahrhunderts ein Segel-Leichter. Dieser stellt in seiner ursprünglichen Form eine vereinfachte Ausführung einer *Baghla* (siehe dort) dar. Zu jener Zeit liefen *Baghlas* regelmäßig den Hafen von Tuticorin an. Beide Steven des Segel-Leichters waren ausfallend und hatten scharfe Linien. Da sich aber diese Linienführung bei einem Leichter im praktischen Betrieb nicht bewährte, wurde der Stevenfall schrittweise reduziert, bis beide Steven nahezu vertikal waren (Fig. 41). Auch der vorliche Fall des Mastes wurde schrittweise verändert, bis schließlich der Mast einen leicht achterlichen Fall erhielt. Die Mastlagerung ist auf etwa 1/3 der Schiffslänge, vom Vorsteven gemessen, angeordnet. Das Fahrzeug führt ein großes Lateinsegel. Nur wenn es in der Küstenfahrt eingesetzt wird, erhält es zusätzlich einen kleinen Besanmast mit Lateinsegel und eine Fock.

Der Leichter wird *Doni* genannt. Es ist, wie wir bereits wissen, eigentlich die Bezeichnung für ein Einbaumkanu. Wir werden aber später noch erkennen, daß die Bezeichnung *Doni* für in Größe und Konstruktion sehr unterschiedliche Fahrzeuge verwendet wird (siehe auch *Kalla Doni*).

Ein weiteres geplantes Boot, vorwiegend für den Transport von Korallengesteinen, hat folgende durchschnittliche Hauptabmessungen: Länge = 10 m, Breite = 1,9 m, Seitenhöhe = 0,85 m, Tragfähigkeit etwa 2 t. Es besitzt einen Hauptmast. Wenn das Fahrzeug in der Küstenfahrt eingesetzt ist, führt es zusätzlich einen Besanmast. Beide Masten sind luggergetakelt.

Die *Rameswaram* ist ein Transportboot mit aufragendem Bug, hohem Freibord und Spiegelheck. Die Beseglung ähnelt jener des Leichters von Tuticorin.

Ein typisches Fischerboot von Tuticorin zeigt Fig. 42. Die Hauptabmessungen betragen: Länge = 8,7 m, Breite = 1,85 m, Seitenhöhe = 0,9 m; Segelfläche = 31 m². Die Besatzung besteht je nach angewandtem Fangverfahren aus fünf bis acht Mann. Eine konstruktive Besonderheit dieses Fischerbootes besteht darin, daß die Spanten unterhalb des Scherganges enden. Letzterer ist mit separaten kurzen Spanten an der Außenhaut des Bootes befestigt.

An der Malabarküste

Das *Vallam*** ist der Packesel auf den weitverzweigten Achterwassern an der Malabarküste (Abb. 47). Dieses große, schwerfällige, vollständig genähte Boot ist auch heute noch aus den Binnenwasserstraßen Keralas nicht fortzudenken. Allwöchentlich zum Markttag segeln oder staken ganze Flotten zum Markt. Das *Vallam* ist ein Universaltransporter, der Ziegelsteine, Zement und Flußsand zum Häuserbau ebenso transportiert wie Früchte, große Mengen von Kokosnüssen, Reisstroh und anderes mehr. Bei leichter Ladung ist diese meist sehr hoch aufgetürmt. In solchen Fällen wird sie kunstvoll ver-

* *Vallam* ist in Malayalam (südindische Sprache) die Bezeichnung für Boot.

Fig. 41 Tuticorin-Leichter (Doni) im Golf
von Mannar
(nach J. Hornell: The origins and...)

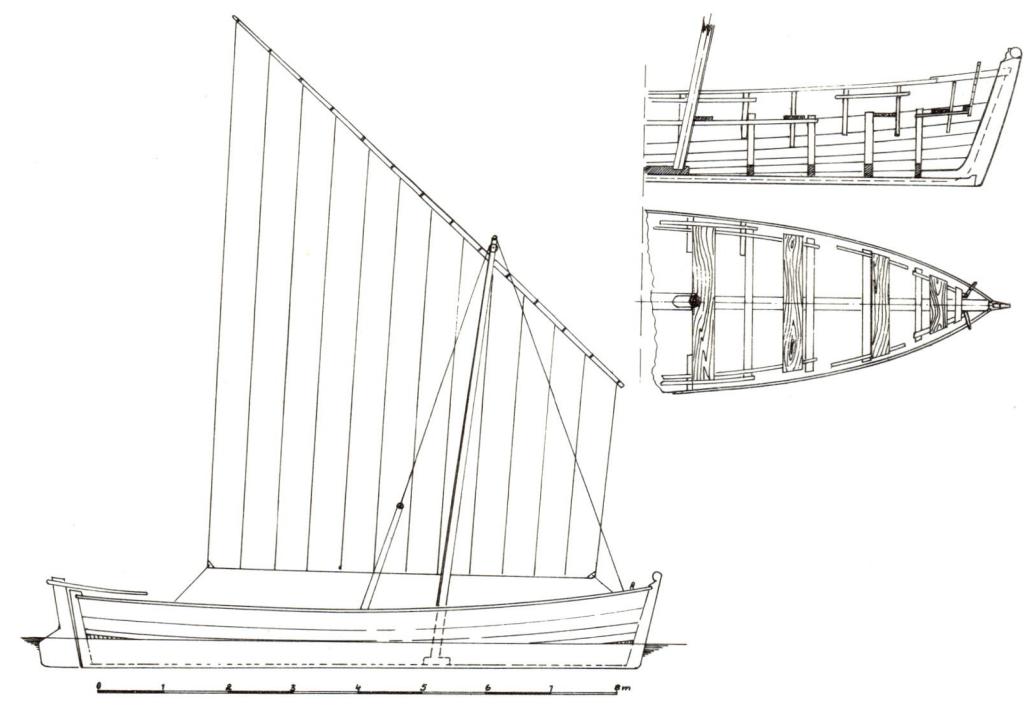

Fig. 42 Fischerboot von Tuticorin (Golf von Mannar)
(nach P. B. Ziener, aus Report No. 1...)

schnürt, und zwischen Bordwand und Ladung werden Bambusstäbe gesteckt, um letzterer den erforderlichen Halt zu geben. Beim Transport von schwerer Ladung (z. B. Ziegelsteine) wird das *Vallam* oft so weit beladen, daß kaum noch ein Freibord vorhanden ist. Aber die Schiffer kennen die Achterwasser Keralas genau und wissen, was sie ihrem *Vallam* zumuten können.

Das Fahrzeug hat einen Gangbord, auf dem die Männer beim Staken entlang laufen. Als Beseglung wird das bereits beim Malabarkanu erwähnte Sprietsegel verwendet. Der Mast wird vor Beginn der Fahrt mit dem bereits daran befestigten Segel gesetzt. Am Ende der Fahrt wird das Segel um den Mast gerollt und dieser gelegt. Das Segel wird nur auf Vorwind- oder Raumwindkursen benutzt. Auch wenn das Boot unter Segel ist, wird oft zusätzlich gestakt oder gerudert, wenn stärkere Gegenströmung (zum Beispiel durch die Gezeiten verursacht) dies erfordert. Zum Steuern des *Vallams* dienen große Paddel, die zum Teil durch Schnitzereien verziert sind.

Zum Schutz der Ladung ist im Mittelteil des Bootes oft ein tonnenförmiges Dach aus Bambusgeflecht vorgesehen. Eine Sektion im Mittelteil der Überdachung wird beim Be- und Entladen des Fahrzeugs aufgeklappt oder aufgerollt. Es gibt auch Fahrzeuge, bei denen Teile des Tonnendaches in Bootslängsrichtung verschoben werden können (Abb. 48).

Zur Konservierung der Beplankung wird ausschließlich Fischöl verwendet. Der Anstrich muß alle zwei Jahre erneuert werden. Die Lebensdauer eines *Vallam* kann 30 Jahre erreichen. Ein durchschnittliches *Vallam* hat eine Länge von 14 bis 15 m, eine Seitenhöhe von 1,9 bis 2,0 m und eine Breite von etwa 3 m. Nach Angaben von Bootsbauern in Cochin wurden Vallams mit Längen von maximal 28 m und Tragfähigkeiten von 70 bis 80 t gebaut.

Im Gegensatz zu den schnellen hölzernen Fischereifahrzeugen, deren Zahl ständig weiter wächst, stellen die schwerfälligen *Vallams* in den engen Kanälen und Wasserarmen ein ernsthaftes Hindernis für den Einsatz moderner Binnenwasserfahrzeuge, wie Schleppzüge und Schubeinheiten, dar. Die zunehmende Industrialisierung des Landes wird früher oder später als notwendige Folgeerscheinung eine Modernisierung des Verkehrs auf den Binnenwasserstraßen nach sich ziehen, und damit dürfte zumindest auf den wichtigsten Binnenwasserstraßen das Schicksal der *Vallams* besiegelt sein.

Einen etwas anders gearteten Typ des *Vallams* (Abb. 49) finden wir in den Seehäfen. Es ist ebenfalls ein ganz genähtes, äußerst stabiles Fahrzeug. Charakteristisch sind die sehr stark ausfallenden Steven, der fehlende oder leicht negative Sprung und das große mit einer langen Pinne versehene Mittenruder. Dieser Typ des *Vallams* wird in den Seehäfen auch heute noch, wenn auch in vergleichsweise beschränktem Umfang, zur Übernahme von Gütern aus Seeschiffen und zum Weitertransport auf Binnenwasserstraßen verwendet.

Neben dem Gütertransport werden gekoppelte und mit einer Plattform versehene *Vallams* auch als Autofähren oder als Unterbau für Dampframmen verwendet.

Noch in der ersten Hälfte unseres Jahrhunderts wurden zahlreiche Leichter (so in Calicut) eingesetzt, um Fracht von den auf Reede liegenden Dampfern zu übernehmen. Es handelte sich bei diesen Fahrzeugen um seetüchtige größere Versionen der Bombayer *Machwa* (siehe dort).

In Chellanam, einem abgelegenen kleinen Fischerdorf in der Nähe von Cochin, finden wir den Typ eines Fischerbootes, dessen Linien im Gegensatz zu denen der schwerfälligen *Vallams* von ungewöhnlicher Eleganz sind. Dieses bisher in der Literatur nicht beschriebene Boot findet man auch noch weiter südlich im Küstenbereich von Quilon. „Das Fahrzeug", so erklären die Fischer in Chellanam, „heißt *Koru Vallam*". „Koru" heißt in Malayalam Fang, *Koru Vallam* bedeutet also Fangboot. Es wird auch als *Thangu Vallam* bezeichnet nach dem benutzten Fischfanggerät Thanguvala. Die Boote (Abb. 50) sind 15 bis 17 m lang und haben eine Besatzung von 15 bis 20 Mann.

Je nach Verfügbarkeit von Baumstämmen werden die *Koru Vallams* als Einbäume oder geplankte Boote gefertigt. Bei letzteren wird ausschließlich die Nähtechnik angewandt.

Die Fischer laden zu einer Tasse Tee in eine Palmenhütte ein. Es überrascht mich zu erfahren, daß die *Koru Vallams* zum Teil auch während der Monsunzeit auf Fangfahrt gehen. Das ist ungewöhnlich, denn in der Monsunperiode ist es selbst den seetüchtigen Frachtseglern aus Gründen der Sicherheit verboten, auszulaufen. Warum die Fischer trotzdem dieses Wagnis eingehen müssen, wird in der weiteren Unterhaltung bald klar. Ein *Koru Vallam* kostet umgerechnet knapp 3000 Mark, so daß kaum ein Fischer sich ein eigenes Fahrzeug leisten kann. Die Statistik weist aus, daß 1981 das Jahreseinkommen einer Fischerfamilie durchschnittlich bei 350 Mark lag. Wegen der Abgelegenheit der Fischerdörfer sind die Fischer im Hinblick auf den Verkauf des Fangs weitgehend auf Zwischenhändler angewiesen, welche nicht unwesentlich dazu beitragen, die Einkünfte der Fischer zu reduzieren. Wollen die Fischer aus den abgelegenen Dörfern den Fisch selbst auf dem Markt verkaufen, so müssen die Frauen mit der Ware täglich weite Strecken (bis zu 30 und sogar 40 km) zu Fuß zurücklegen.

Koru Vallams werden unweit des Fischerdorfes Chellanam auf einer kleinen Werft gebaut. Sie besteht aus einem Häuschen, in dem der Meister wohnt, einem Schuppen für das Holz und einer nicht überdachten Fläche für den Bau der Boote.

Ich frage nach der Länge des *Koru Vallam*. „21,5 Kol"*, antwortet der Meister. Ihm ist dieses Maß so geläufig, daß ich meine Verständnisschwierigkeiten erst erklären muß. Er kann auch die übrigen Stichmaße des Bootes aus dem Kopf angeben. Ausgehend von diesen Maßen, baut er das Fahrzeug. Er benötigt ebenso wie alle anderen auf traditionelle Fahrzeuge spezialisierten Bootsbauer keine Zeichnung. Die Planken werden ausgelegt, abgestützt und an bestimmten Stellen durch angehängte Steine beschwert, bis sie die gewünschte Lage einnehmen. Die Plankenstöße werden durch Nut-und-Federverbindung zusammengefügt. Die Plankennähte werden genäht. Später werden besondere Querrahmen eingesetzt, welche das Fahrzeug abteilen und zusätzlich aussteifen. Dadurch entstehen kleine Laderäume für den Fang. Jede Planke hat einen besonderen Namen, der ihre Lage innerhalb der Beplankung des Bootes bestimmt.

Detailliertere Fragen zur Konstruktion will der Bootsbaumeister nicht beantworten. Nach einigem Zögern sagt er: „Man hat angefangen, unsere über Generationen entstandenen und verbesserten Konstruktionen zu kopieren und sie in Plaste oder Metall umzusetzen. Und so wird man uns schrittweise unserer Existenz berauben. Sie müssen verstehen, daß wir deshalb unser Berufsgeheimnis wahren." Mir ist diese Entwicklung bekannt, und ich verstehe seine Bedenken.

Der Malabarküste vorgelagert ist das in-

---

* In Kerala im Bootsbau noch häufig verwendetes altes Maß. 1 Kol = 2′ 4″ = 0,711 m. Dieses Maß hat den Charakter einer Elle.

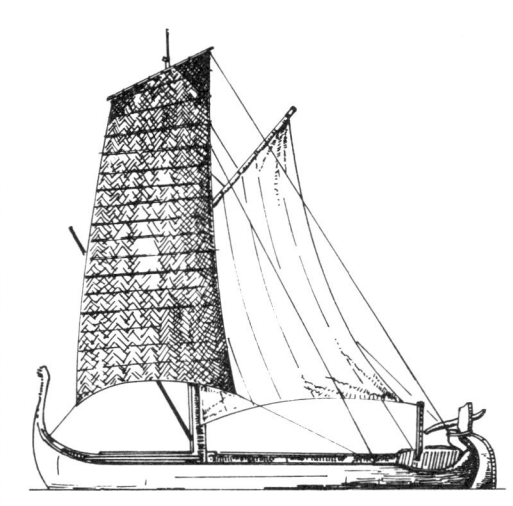

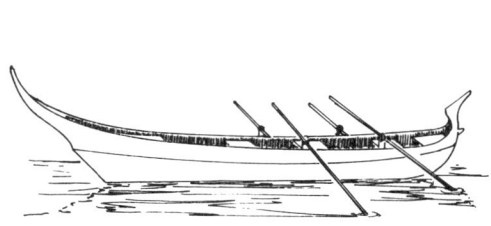

Fig. 43 Bonito-Fischerboot von der Insel Minicoy (Unionsterritorium Lakshadweep)
(nach J. Hornell: The origins and...)

Fig. 44 Ruderboot von den Lakkadiven (Unionsterritorium Lakshadweep)
(nach J. Hornell: The origins and...)

dische Unionsterritorium Lakshadweep,
bestehend aus dem Inselreich der Lakkadiven, den Amindivi Inseln sowie der Insel
Minicoy. Die Fischer von Minicoy verfü-
gen über ein schönes und schnelles Fischereifahrzeug, das *Bonito*-Boot. Es hat einen
nur geringen Tiefgang, um sicher über die
Untiefen der Riffe in den Schutz der La-
gune zu gelangen. Hervorstechendes äuße-
res Merkmal des *Bonito*-Bootes ist seine
Beseglung. Der große, etwas vor der
Schiffsmitte angeordnete Mast trägt ein hohes Rahsegel aus Matten, während zusätzlich am gleichen Mast noch ein Gaffelsegel
aus Baumwolle gefahren wird. Im Achterteil des Bootes befindet sich eine Plattform,
auf der die Fischer stehen, wenn sie den
Fisch fangen. Achtern befindet sich ferner
eine Stütze, auf der das obere Mastende
ruht, wenn der Mast gelegt worden ist. Der
Vorsteven ist gerundet und schließt ab mit
einem leicht s-förmig geschwungenen, fast
vertikalen Ende (Fig. 43). Das ungedeckte
Boot ist durch Querschotten in kleine

Laderäume unterteilt. Einige davon sind
teilweise mit Wasser aufgefüllt und dienen
der Aufnahme der gefangenen Fische.

Auf den weiter nördlich gelegenen Lakkadiven finden wir vielfach auch beim
Fischfang verwendete Ruderboote mit
einer wegen ihrer Stevenform unverwech-
selbaren Silhouette (Fig. 44). Diese genähten Boote haben einen hochaufragenden
Vorsteven mit einem schnabelförmigen
nach oben gebogenen Ende, das den Bug
fast überbetont und dem Fahrzeug sein
charakteristisches Aussehen verleiht. Auch
die Heckkontur findet kein Gegenstück an
der indischen Festlandküste.

Viel weiter im Norden Indiens, im Hi-
malaja nämlich, gibt es ein weiteres kleines
wendiges Fahrzeug mit gefälliger Linienführung, die *Shikara*. Dieses als „Gondel
von Kashmir" bezeichnete Fahrzeug wird
gepaddelt und dient dem Personentransport. Es wird außerdem für Gondelfahrten
auf Flüssen und Seen eingesetzt. Die *Shikara* ist in Srinagar beheimatet, wo, wie

wir bereits wissen, im 16. und 17. Jahrhundert sogar Seeschiffbau betrieben wurde. Sie weist eine Knickspantform auf und hat einen flachen Boden, der im Bug- und Heckbereich über die Schwimmwasserlinie hochgezogen ist. Das Heck ist so breit, daß es einem Paddler Platz bietet. Für Gondelfahrten ist die *Shikara* mit einem Baldachin ausgestattet (Abb. 52).

Unser indischer Gondoliere, den ich über das Boot befrage, erzählt mir, daß er Bootsbauer sei und die Boote selbst baue. Es ist immer wieder das gleiche mit dem Bau konventioneller Boote. Für die *Shikara* gibt es einige aus der Anzahl der zu befördernden Personen abgeleitete Stichmaße, die eingehalten werden müssen. Die Maße hat der Bootsbauer im Kopfe. Alles andere ist Improvisation und wird nach Augenmaß entschieden. Eine Gondel für sechs Personen hat eine Länge von 10 m und eine Breite von 0,9 m. Eine Zeichnung gibt es nicht, und sie wird zum Bau des Fahrzeugs auch nicht benötigt.

An der Küste von Bombay

Abschließend sollen noch drei Typen von geplankten Fischereifahrzeugen betrachtet werden, die hauptsächlich an der Küste von Bombay im Einsatz sind, nämlich *Satpati*, *Hody* und *Machwa*.

Die *Satpati* (benannt nach einem nördlich Bombay gelegenen Fischerdorf) hat ausgezeichnete Seeeigenschaften und ist ein schneller Segler. Die *Satpati* gilt als das beste Fischerboot an der Küste Indiens. Wir finden es von Satpati im Norden (etwa 20. Breitengrad) über Bassein und Versova bis hin nach Bombay. Insgesamt operieren in diesem Bereich etwa 3000 *Satpatis*.

Die Länge der *Satpati* variiert von 9 bis 14 m. Der Bootsrumpf ist karweelgeplankt und genagelt. Das Boot hat eine Besatzung von sieben bis neun Mann. Fig. 45 läßt die Linienführung der *Satpati* erkennen.

Hody (auch Hodi) ist eine Verdrehung des Worts Odi aus der Kanara-Sprache. Odi bedeutet ein großes, langes und schlankes seegehendes Boot. Odi ist aus dem dravidischen Wort Odu oder Oru = laufen, fliehen abgeleitet. Eine typische *Hody* ist ein Boot mit einer Länge von 6,5 bis 12 m und einer Breite von 0,7 bis 2,4 m. Die Tragfähigkeit beträgt 0,5 bis 6 t. Die *Hody* wird hauptsächlich zum Fischfang im Raum Bombay und bis zu 200 km weiter südlich eingesetzt. *Hodys* sind schnelle einmastige Segelfahrzeuge, die zusätzlich auch gerudert werden können. Der Vorsteven ist gerade und stark ausfallend. Der Bootskörper weist keinerlei Ornamente auf. Er wird mit Öl konserviert (siehe

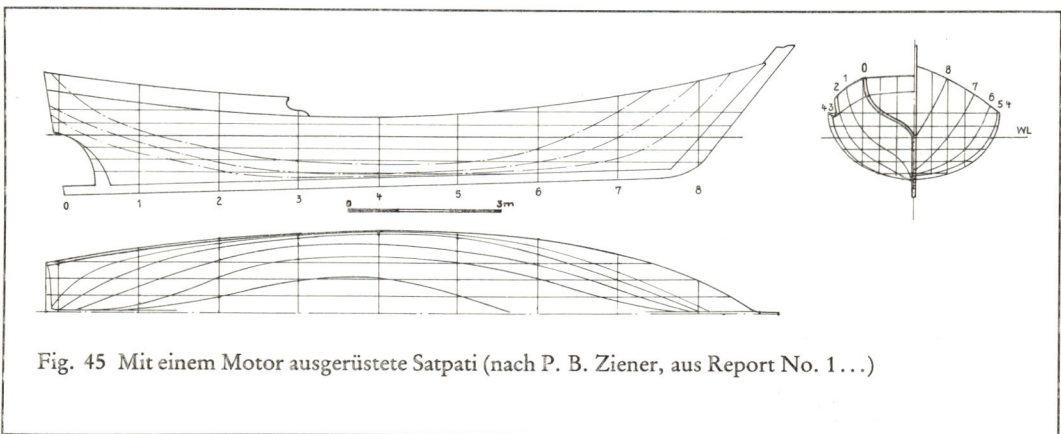

Fig. 45 Mit einem Motor ausgerüstete Satpati (nach P. B. Ziener, aus Report No. 1...)

Fig. 46). Vom Vorsteven bis zum Mast ist zum Schutz gegen Seeschlag ein 0,3 m hohes Waschbord angebracht. Ein temporärer Wetterschutz für die Mannschaft wird nur errichtet, wenn das Fahrzeug vor Anker liegt. Gelegentlich trifft man auch *Hodys* mit Auslegern, die jenen der Auslegerboote von Ratnagiri gleichen.

Die *Machwa* ist uns bereits als Kampfschiff sowohl der Maratha- als auch der Mogul-Flotte begegnet. Das Wort *Machwa* (auch Machva, Machava, Manchwa) stammt aus dem Sanskrit (matsyavaha = Fischtransporter) und bezeichnet ein Segelboot, das zum Fischen sowie zum Güter-, aber auch zum Personentransport verwendet wird. Die portugiesische Bezeichnung ist Manchua. Letzteres sei nur deshalb erwähnt, weil der Ursprung des Wortes Manchua sich ableitet aus dem Wort Manji, das aus dem Malayalam stammt. Als *Manji* bezeichnet man an der Malabarküste ein Segelboot, das zum Fischfang oder zum Transport von Gütern im Küstenbereich verwendet wird. Es stellt praktisch den gleichen Bootstyp wie die *Machwa* dar und bedarf deshalb keiner gesonderten Behandlung.

In der 2. Hälfte des 19. Jahrhunderts wurden *Machwas* mit einer Tragfähigkeit von 3 bis 4 t an der Konkanküste für den Güter- und Personentransport eingesetzt. Fig. 47 zeigt eine zweimastige *Machwa* aus jener Zeit mit Lateinsegeln und Spitzgattheck. Charakteristisch für die *Machwa* sind der lange, gerade, stark ausfallende Steven und die zur Verbesserung der Kursstabilität vorgesehene Kielhacke. Die *Machwa* war damals ein leicht gebautes Fahrzeug, das als guter und schneller Segler bekannt war. Die Besegelung des Besanmastes wurde nur bei leichtem Wind gesetzt. Das Fahrzeug machte, ebenso wie die *Pattimar* (siehe dort), beim Kreuzen keine Wendemanöver, sondern halste.

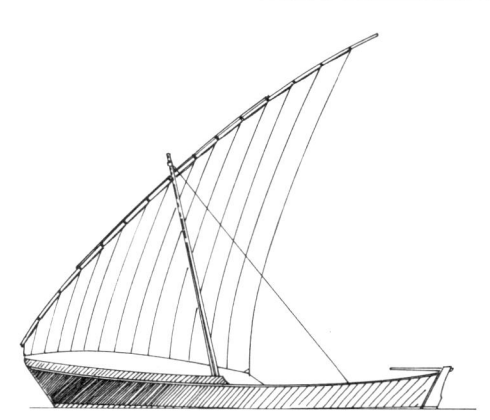

Fig. 46 Hody LUXMEE, Bombay, um 1910

Länge über alles = 12,60 m
Breite = 2,54 m
Tragfähigkeit = 6,8 t
Mastlänge = 7,47 m
Rahlänge = 13,68 m
Segelfläche = 43 m²

(nach N. F. J. Wilson)

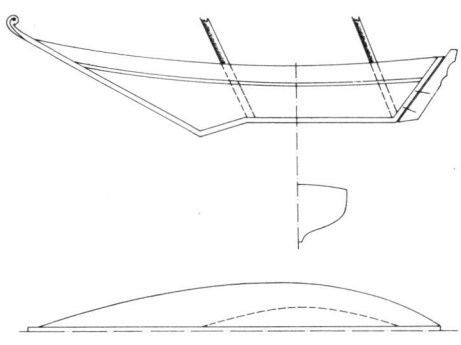

Fig. 47 Machwa (2. Hälfte des 19. Jahrhunderts)

Ungefähre Hauptabmessungen:
Länge über alles = 15,3 m
Breite = 4,3 m
Höhe Hauptmast über Deck = 8,5 m
Höhe Besanmast über Deck = 7,6 m

(nach B. K. Apte, mit freundlicher Genehmigung des State Board of Literature & Culture, Bombay)

Zu Beginn des 20. Jahrhunderts finden wir an der Konkanküste einmastige *Machwas*, die für den Fischfang sowie zum Güter- und Personentransport verwendet wurden (Fig. 48). Diese *Machwas* hatten vergleichsweise hohe Besatzungszahlen. So betrug bei der üblichen Tragfähigkeit von 10 bis 20 t die Besatzungsstärke 12 Mann. Bei Fischerei-*Machwas* waren die Besatzungszahlen entsprechend höher. *Machwas* erreichten in jener Zeit Tragfähigkeiten bis zu 40 t mit etwa folgenden Hauptabmessungen: Länge = 24 m, Breite = 5,8 m. Sie galten als ausgezeichnete Segler, denen auch Seetüchtigkeit zugesprochen wurde. Ihre Segel konnten Anspruch erheben auf besten Schnitt und Trimm.

Die *Machwa* für den Gütertransport hatte oftmals ein aus Planken bestehendes, ausreichend wasserdichtes Schanzkleid, so daß das Fahrzeug auf ruhigem Wasser bis

zum Dollbord abgeladen werden konnte. Das Schanzkleid der Fischerei-*Machwa* war dagegen niedriger, um das Aussetzen und Einholen der Netze nicht zu behindern. Der am Kiel und an einem Querdeckbalken gelagerte, auf halber Schiffslänge angeordnete Mast wurde durch ein jeweils auf der Luvseite gesetztes Want abgesteift. Nach Erreichen der Fischgründe wurde der Mast gelegt, um im Seegang die Verbände des Fahrzeuges nicht unnötig zu beanspruchen. Die ungedeckte *Machwa* hatte zur Versteifung des Bootskörpers in kurzen Abständen angeordnete Deckbalken. Diese wurden auch als Trittfläche beim Gehen verwendet.

Gegenwärtig kommt die *Machwa* in verschiedenen Modifikationen in einem Gebiet vor, das an der Küste von Gujarat beginnt und sich bis zur Malabarküste erstreckt (Abb. 53).

An der Ostküste des Golfes von Cambay findet man die größten Fischerei-*Machwas*. Das hängt damit zusammen, daß die Fischgründe weit entfernt sind und diese *Machwas* zusätzlich auch als Transportfahrzeuge verwendet werden. Im letztgenannten Falle werden zwei Masten gesetzt, und das Fahrzeug erhält zeitweilig ein Schanzkleid, bestehend aus Bambusstäben und Matten. Während der Periode des Fischfangs wird nur der Hauptmast gesetzt. Die Tragfähigkeit liegt zwischen 10 und 20 t.

Für das Fügen der Planken wird sowohl die Nut- und Feder-Technik als auch das Kalfatern angewendet. Die Verbindung von Planke und Spant wird vorzugsweise durch Nägel hergestellt. Konserviert wird die Außenhaut mit Teer und Öl.

An der Konkanküste finden wir *Machwas*, die in Aussehen und Größe jenen aus dem Golf von Cambay ähneln. Letzteres hängt hauptsächlich damit zusammen, daß auch hier die Fischgründe weit entfernt

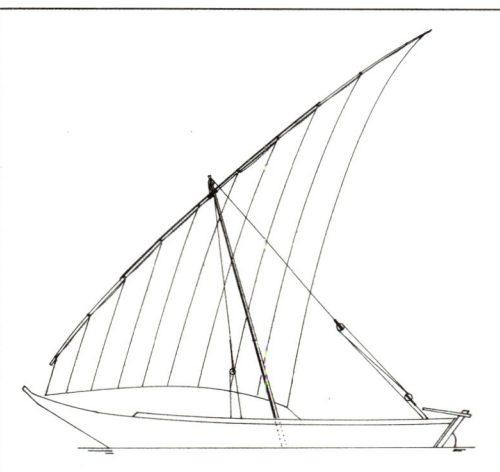

Fig. 48 Machwa DHUNGISHA, um 1910
im Hafen von Bombay vermessen

Länge über alles = 15,13 m
Breite = 3,97 m
Tragfähigkeit = 8,2 t
Masthöhe = 9,30 m
Länge der Rah = 18,35 m
Segelfläche = 67,8 m²

(nach N. F. J. Wilson)

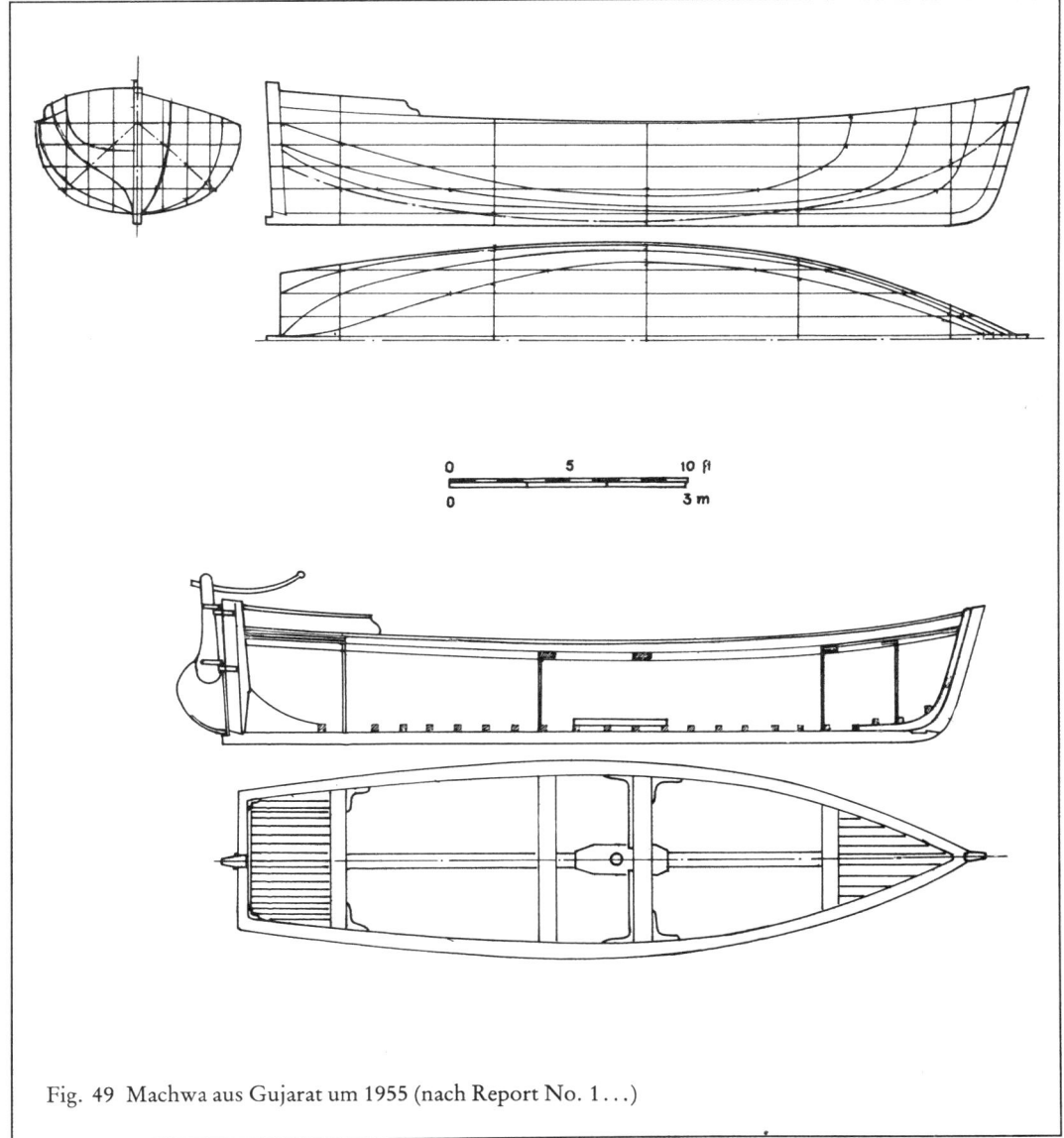

Fig. 49 Machwa aus Gujarat um 1955 (nach Report No. 1...)

sind. Die Fahrzeuge sind zweimastig und führen Lateinsegel. Sie erhalten, soweit erforderlich, zeitweilig ein Deck.

Für die regionalen Unterschiede in Ausführung und Bezeichnung der *Machwas* sei nachstehend ein Beispiel gegeben. In Veraval (Gujarat) wird die Variante mit Spitzgattheck als *Lodhia* und nur die größere Ausführung mit Spiegelheck als *Machwa*

bezeichnet. Die *Machwas* haben einen Mast mit Lateinsegel, wohingegen die *Lodhias* Zweimaster sind, die kein Lateinsegel führen. Fig. 49 zeigt eine *Machwa*, die in den 50er Jahren gebaut wurde. Es ist zu erkennen, daß diese neben der klassischen *Machwa* existierenden Fahrzeuge in der Linienführung kaum noch etwas mit dieser gemeinsam haben.

Rennboote

Onam, das Erntefest im indischen Unionsstaat Kerala, dessen Traditionen sich bis etwa in das 2. Jahrhundert zurückverfolgen lassen, fällt auf den Monat Chingam des Malayalamkalenders (August/September). Im Chingam flaut der Südwestmonsun langsam ab. Die Ernte wird eingebracht, und dieses wichtige Ereignis wird ausgiebig gefeiert. Unter den zahlreichen Veranstaltungen des Onamfestes nimmt das Vallom Kali, das Bootsrennen, einen Ehrenplatz ein.

Die Bootsrennen auf den Achterwassern von Alleppey, ursprünglich religiösen Charakters, haben sich in der Gegenwart zu Volksfesten entwickelt. Sie sind jährlicher Anziehungspunkt für Zehntausende aus Indien und dem Ausland.

Es ist ein faszinierender Anblick, wenn die bis zu 40 m langen schlanken Boote, angetrieben durch 40, 60 oder 100 Paddel, wie riesige Tausendfüßler die Regattabahn entlangjagen. Im Endspurt holen die Paddler das Letzte aus ihren muskulösen, bronzefarbenen Körpern heraus, angetrieben durch rhythmische Trommel- und Pfeifsignale, welche die Schlagzahl des jeweiligen Bootes bestimmen. Wenige Meter trennen die Boote noch von der Ziellinie, dann ist es geschafft. Die Männer reißen die Paddel hoch, schlagen auf das Wasser, springen über Bord, rufen, schreien und lachen. Südliches Temprament. Gewöhnlich nehmen vier Bootsklassen an den Rennen in Alleppey teil (Fig. 50). Es sind dies: *Chundan, Iruttukuthy, Veppu* und *Churulan*. Über den ursprünglichen Verwendungszweck der drei letztgenannten Bootstypen ist wenig bekannt. Das *Iruttukuthy* wurde früher als Kriegskanu für überraschende nächtliche Überfälle verwendet. Das *Churulan* ist wahrscheinlich nur eine speziell für Rennen modifizierte Variante eines Gebrauchsbootes. Es ist ein sehr schlankes Einbaumkanu mit allen seinen klassischen Konstruktionsmerkmalen (Abb. 54). Die mit Kupferbeschlägen versehene Bug- und Heckverzierung ist nachträglich aufgesetzt. Dieser Zusatz ist aber auch ein typisches Attribut der Gebrauchskanus im Raume von Alleppey und Kottayam. Auch das etwas größere *Veppu* ist ein Einbaumkanu mit aufgesetzter Bug- und Heckverzierung (Abb. 55). Seine Breite beträgt etwa 0,85 m.

Der unbestrittene König unter den Rennbooten ist das *Chundan Vallam* (Abb. 56), das Schnabelboot. Es wird offenbar wegen seines schlanken Bootskörpers heute auch als Schlangenboot bezeichnet. Das *Chundan Vallam* wurde ursprünglich ausschließlich während religiöser hinduistischer Festveranstaltungen für „Bootsrennen" verwendet. Diese Rennen, zum Beispiel die berühmte mit dem Aranmula-Tempel im Zusammenhang stehende „Regatta", sind aber nichts weiter als ein Bootskorso. Sie weisen keinerlei Elemente eines sportlichen Wettstreites auf. Dieser Sachverhalt läßt Zweifel aufkommen, ob ein Bootskorso tatsächlich der ursprüngliche Verwendungszweck eines so reinrassigen Rennbootes, wie es das *Chundan Vallam* ist, gewesen sein kann. Auf den möglichen Ursprung des Bootes wird später noch eingegangen.

Jedes *Chundan* hat einen Namen und eine Geschichte. Das wohl älteste *Chundan* ist das CHAMBA KULAM CHUNDAN. Es ist über 100 Jahre alt und wurde zweimal (letztmals 1974) umgebaut. Auch heute noch wird es für Bootsrennen eingesetzt.

Die Teile des *Chundan* haben im Malayalam recht originelle aber mitunter auch nicht übersetzbare Bezeichnungen. Sie reichen vom Schönheitsfleck (Netti Pottu) bis zum Para. Letzterer hat die Form eines alten Hohlmaßes, etwa wie früher bei

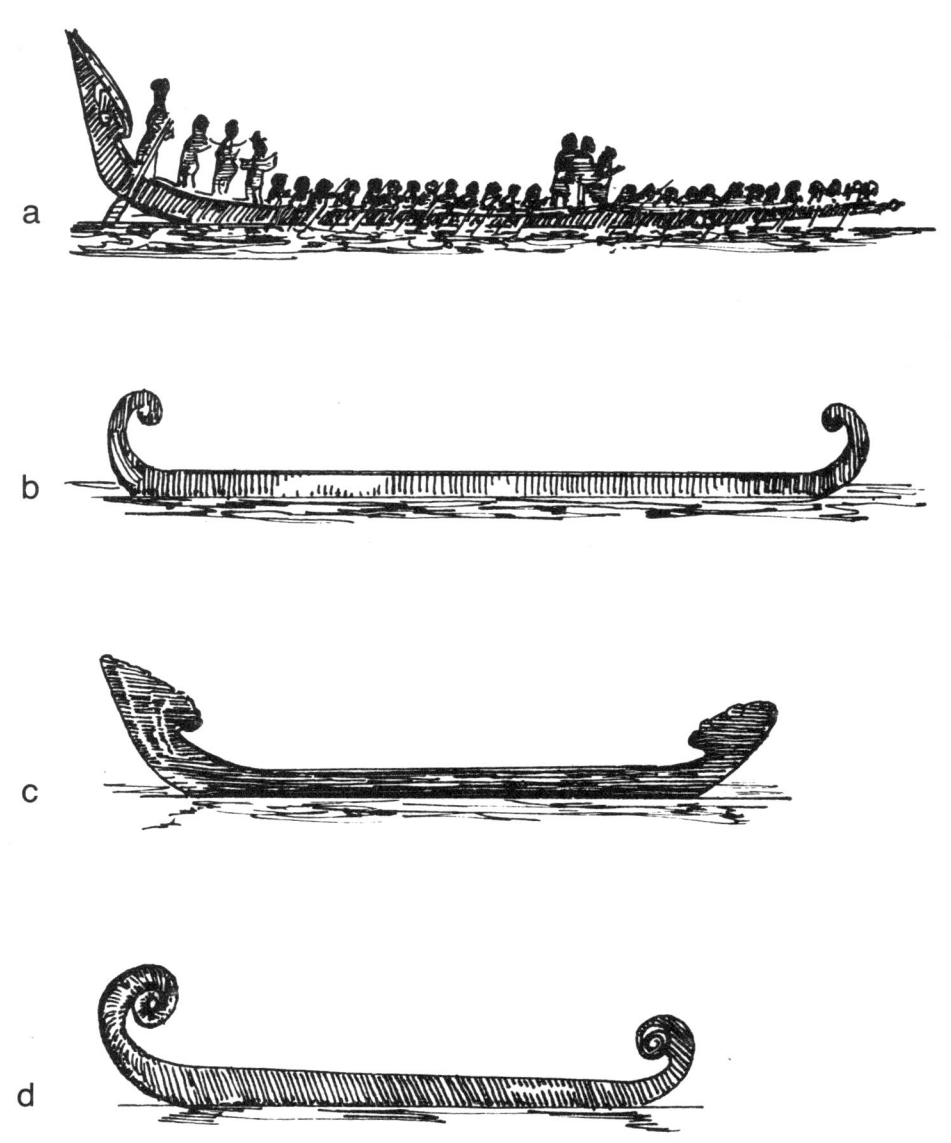

Fig. 50 Rennboote von Alleppey und Kottajam (Kerala)

    a Chundan: Länge bis zu 40 m, Besatzung maximal 99 Paddler, 4 Steuerleute, 7 Sänger,
       2 Trommler
    b Iruttukuthy: Länge etwa 25 m, Besatzung etwa 50 Paddler, 1 Steuermann, 1 Sänger
    c Veppu: Länge 15 bis 16 m, etwa 40 Paddler, 3 Steuerleute, 1 Sänger
    d Churulan: Länge um 12 m, Besatzung etwa 25 Mann

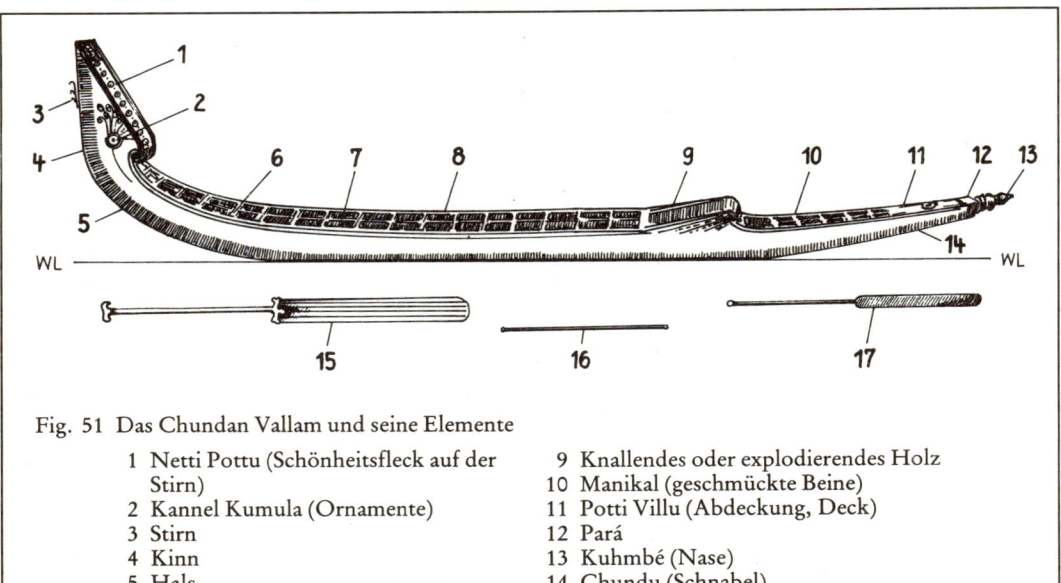

Fig. 51 Das Chundan Vallam und seine Elemente

1 Netti Pottu (Schönheitsfleck auf der Stirn)
2 Kannel Kumula (Ornamente)
3 Stirn
4 Kinn
5 Hals
6 Stufen
7 Ilamphalam (kleine Brücke)
8 Villu (Gangbord)
9 Knallendes oder explodierendes Holz
10 Manikal (geschmückte Beine)
11 Potti Villu (Abdeckung, Deck)
12 Pará
13 Kuhmbé (Nase)
14 Chundu (Schnabel)
15 Pankayam (Steuerpaddel)
16 Großer Trommelstock
17 Tusha (Paddel)

uns der Scheffel, zum Abmessen von Reis (Fig. 51).

Es gibt hauptsächlich drei Standardgrößen von *Chundans*. Ihre Längen betragen 39, 40 und 51 Kol. Das derzeit größte, nämlich das CHAMBA DULAM CHUNDAN, hat eine Besatzung, bestehend aus 99 Paddlern, vier Steuerleuten, sieben Sängern und zwei Trommlern. Seine Hauptabmessungen betragen: Länge = 39,6 m, Breite = 1,6 m, Seitenhöhe = 0,67 m. Mit einem L/B = 24,75 ist das Boot ungewöhnlich schlank. Der scharfe, lanzenförmige Bug, der langgestreckte Bootskörper und das hoch aufragende Heck geben dem Boot seine unverwechselbare äußere Erscheinung, die es von allen anderen indischen Booten wesentlich unterscheidet.

Der Bau des Bootes folgt von alters her festgelegten Riten und Vorschriften. Zunächst wird über die Größe des Bootes entschieden. Es muß der Stamm eines großen und alten Baumes sein, aus dem die Plan-

ken hergestellt werden. Aber erst nachdem der Stamm genauestens auf etwa vorhandene Defekte untersucht worden ist, wird er in Planken von Standardlänge zersägt. Der günstigste Termin für den Baubeginn wird auch heute noch durch einen Astrologen bestimmt. Von dem für das Boot vorgesehenen Holz wird mit dem Stemmeisen ein Span abgeschlagen. Die Stelle, an der der Span zur Erde fällt, zeigt dem Bootsbaumeister an, ob das Boot im Rennen erfolgreich sein wird. Auch für das *Chundan* mit seiner komplizierten und formvollendeten Linienführung gibt es keinen Linienriß und keine Bauzeichnung. Außer den festliegenden Hauptabmessungen ist alles andere der Erfahrung und dem Formgefühl der Baumeister überlassen, die ihr Fach mit bewundernswerter Perfektion beherrschen.

Das Boot wird mit dem Bug nach Osten gebaut. Zunächst werden die aus Mangoholz bestehenden Spanten gestellt. Danach beginnt das Aufplanken des Bootes. Die Beplankung besteht aus insgesamt 5 Gängen. Die einzelnen Planken werden mit Kuhdung bestrichen und über einem Feuer aus Kokosnußschalen und -fasern erwärmt, dann gebogen, angepaßt und gegebenenfalls nachgebogen. Auch die Materialverbrauchsnormen und die Bauzeit sind festgelegt. Ein Boot mit einer Größe von 40 Kol benötigt 200 kg Eisen für Nieten und Beschläge, 5 kg Wachs (als Rostschutzüberzug) und 25 kg Kleber. Für den Bau des Bootes sind 1300 Manntage erforderlich.

Das *Chundan* hat, so meinen die Bootsbauer, eine Seele. Wenn es beim Stapellauf das Wasser „erblickt", gerät das Boot in Erregung. Diese überträgt sich auch auf die Bootsbauer, was seinen Ausdruck in lauten Ausrufen findet.

Die Zahl der Bootsbauer, die *Chundan Vallams* bauen können, nimmt rapide ab, und die Zeit dürfte nicht mehr fern sein, wo dieser ungewöhnliche und formschöne Bootstyp der Vergangenheit angehört.

Für die Rennen werden das *Chundan* und die Besatzung sorgfältig vorbereitet. Der Bootskörper wird kurz vor dem Rennen zur Verringerung des Reibungswiderstandes mit Fischöl oder, wenn man es sich leisten kann, mit Eiweiß eingerieben.

Für das Besteigen des Bootes zum Rennen gibt es eine festgelegte Reihenfolge. Sie hängt einerseits mit dem Rang des jeweiligen Besatzungsmitgliedes, andererseits mit solchen Fragen wie Trimm und Stabilität zusammen, da das *Chundan* sehr rank ist. Als erster besteigt der ranghöchste Steuermann, der mit dem Steuerruder (Pankayam) das Boot steuert, den aufragenden Heckteil des *Chundan*. Es folgt der zweite Steuermann. Dann nehmen drei Paddler im vordersten Teil des Bootes Platz. Nun steigen die beiden verbliebenen Steuerleute ein. Die gewichtigeren Paddler sitzen hin-

ter der Schlagplanke, die leichteren davor. Dann steigen schließlich die Trommler und Sänger ein. Die Trommler haben einen langen Stock, den sie während des Rennens auf die Schlagplanke stoßen und somit den Takt der Paddel angeben. Die Schlagplanke wird im Malayalam als explodierendes Holz oder Holz, das großen Lärm macht, bezeichnet. Früher haben in diesem Teil des Bootes große Trommeln gestanden. Die Aufgabe der Sänger besteht bei Prozessionen in der musikalischen Untermalung des Paddelns durch Vanchipattu, die traditionellen Bootsgesänge zu Ehren der Götter oder des Bootes. Während des Rennens dagegen feuern die Sänger durch Rufe und Pfiffe, die im Takt abgegeben werden, die Paddler an und unterstützen somit die Trommler.

Der Endspurt wird im Malayalam als „Totstechen" bezeichnet. Offenbar soll das Wasser, das sich dem Boot entgegenstellt, mit den Paddeln „erstochen" werden. Während des Rennens erreichen die *Chundan Vallams* Geschwindigkeiten von etwa 16 km/h.

Das *Chundan Vallam* ist ein Bootstyp, dessen Vorkommen sich auf ein wenige Quadratkilometer großes Achterwasser in einer ländlichen Gegend Indiens beschränkt. Seine völlige Isolierung einerseits und die ungewöhnliche Form andererseits, die sich von keinem der bekannten indischen Gebrauchsboote herleiten läßt, werfen zwangsläufig die Frage nach seiner Herkunft auf. Trotz der Isolierung stehen die in Alleppey und Umgebung alljährlich durchgeführten Bootsrennen in Südostasien keineswegs allein da. Bootsrennen dieser Art finden wir in Indien auch in Imphal, der Hauptstadt des indischen Unionssaates Manipur (Abb. 57), und auf den Lakkadiven. Ferner gibt es sie in großem Stil zum Beispiel in Thailand, Singapur, Hongkong, Taiwan und Nagasaki. Sie fin-

91

den in den einzelnen Ländern zu unterschiedlichen Jahreszeiten statt und sind mit einem Ereignis oder einer Persönlichkeit aus der Geschichte des jeweiligen Landes verknüpft. Hinsichtlich ihrer ursprünglichen Bedeutung gibt A. Coates eine Darstellung, die nachstehend in Kurzfassung wiedergegeben wird.

Schon frühzeitig entwickelten sich zwischen den Küsten- und Inselbewohnern Südost- und Ostasiens sowie den Inselbewohnern des Pazifik Handelsbeziehungen, die, bedingt durch die Monsunwinde, zu einem sich alljährlich wiederholenden Ereignis wurden, das den Rang eines bedeutenden Festes hatte. Boote und ihre Besatzungen kehrten nicht immer vollzählig in den Pazifik zurück. Einige Südseeinsulaner verblieben mit ihren Booten an den Küsten Asiens. Als schließlich die jährlichen Besuche aus dem Süden, aus welchen Gründen auch immer, aufhörten, wurden mit den an den Küsten verbliebenen Südseekanus Rennen durchgeführt zur Erinnerung an die alljährlich stattgefundenen Besuche. Erst später, so Coates, wurde den Rennen in den einzelnen Ländern eine andere Bedeutung, wie bereits beschrieben, unterstellt. Die Tatsache, daß bei einigen Rennen die Rennstrecke von See aus zur Küste führt, wird von Coates als eine heute in Vergessenheit geratene Symbolisierung der Ankunft der Besucher aus dem Pazifik gedeutet.

Die Rennboote in Hongkong zum Beispiel sind geplankte Kanus mit 40 bis 60 Paddlern, einem Steuermann und einer Trommel mittschiffs, mit welcher der Takt für die Paddler angegeben wird. Coates sieht in diesen Rennbooten Modelle des größeren, seetüchtigen Kanus der Südseeinsulaner.

Es taucht die Frage auf: Gibt es Argumente, die dafür sprechen, daß die Auffassung von Coates auch für das Chundan Vallam zutreffen könnte? Es würde sicher den Rahmen dieses Buches sprengen, wollte man dieser Problematik auch nur einigermaßen erschöpfend nachgehen. Dennoch seien einige Argumente nachstehend kurz zusammengestellt.

Wenn das Chundan Vallam tatsächlich polynesische Verwandte haben sollte, so sind sie unter den Doppelkanus zu suchen. Ein Vergleich des für ein Wasserfahrzeug sehr aussagekräftigen Verhältniswertes L/B ergibt für das Chundan etwa einen Wert von 25, was sich gut einordnet in die zwischen 20 und 30 liegenden Verhältniswerte der durch Kapitän Cook und Admiral Paris überlieferten großen, seetüchtigen polynesischen Doppelkanus. Bei anderen Kanus liegt dieser Verhältniswert nur bei etwa 10, also bedeutend niedriger.

Wir erinnern uns in diesem Zusammenhang daran, daß im „Periplus Maris Erythraei" ein indisches Doppelrumpffahrzeug erwähnt wird, das aus zwei miteinander verbundenen großen Kanus bestand. Dieses Doppelrumpfkanu verkehrte zwischen Häfen der Malabarküste und der Coromandelküste. Zu jener Zeit waren die Achterwasser von Alleppey noch nicht von der See getrennt, und es befanden sich in der damaligen Zeit an den heutigen Ostufern der Achterwasser Seehäfen. Zu dieser Schlußfolgerung kam der indische Wissenschaftler V. Kanakasabhi, als er sich mit der Lokalisierung von alten indischen Häfen beschäftigte, die von Ptolomäus erwähnt werden.

Die Standardgrößen der Chundans variieren von 27,6 bis 36,2 m und stimmen gut überein mit der Größe eines von Cook vermessenen polynesischen Doppelkanus (Länge 33 m).

Die von Cook beschriebenen Kanus haben einige auffallende Gemeinsamkeiten mit den Chundan Vallams:

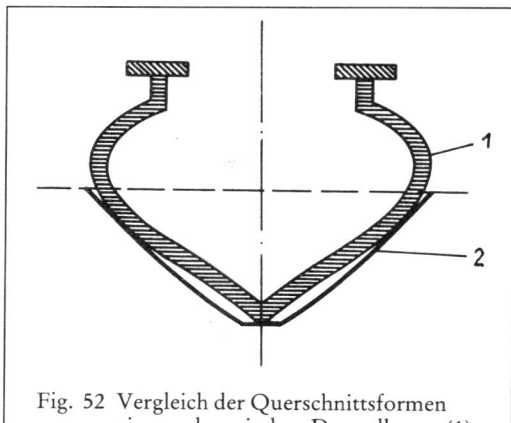

Fig. 52 Vergleich der Querschnittsformen
eines polynesischen Doppelkanus (1)
und eines Chundan Vallam (2)

Die hoch aufragende oft reich verzierte Heckkontur.

Der Bereich des L/B-Verhältnisses und die Gesamtlänge des Bootes.

Vortrieb, Steuerruder sowie Bootsmann, der den Takt der Paddler angibt, unterscheiden sich in nichts von denen des *Chundan Vallam*.

Ein Vergleich der Spantform zeigt eine gute Übereinstimmung (Fig. 52). Bei dem Vergleich muß berücksichtigt werden, daß der obere Teil der Außenhaut eines Doppelkanus vorrangig zur Aufnahme der Verbindungsplattform dient und für das Einzelkanu seine Funktion verliert und deshalb weggelassen werden kann.

Hinzugefügt sei ferner, daß wir uns die von Coates angenommenen Kontakte nicht bis nach Zentralpolynesien hineinreichend vorstellen müssen. Man hat bis hin zur Ostküste Neu Guineas Überreste polynesischer Siedlungen festgestellt, die von Samoa oder Tonga aus besiedelt wurden. Neu Guinea liegt bereits im Einflußbereich des asiatischen Monsuns. Maritime Kontakte zum asiatischen Festland vereinfachen sich dadurch wesentlich. Mit dem Sommermonsun konnte nämlich von Neu Guinea aus die chinesische Küste auf einem Vorwindkurs und Indien auf Raumschotskurs erreicht werden. Gleichermaßen konnte die Rückkehr mit den Winden des Wintermonsuns erfolgen. Wir können deshalb frühe maritime Kontakte zwischen Polynesiern und Indern nicht ausschließen. Allerdings führen uns diese Überlegungen kaum über das Stadium einer Hypothese hinaus.

Segelschiffe

Nachfolgend werden jene Frachtsegler Indiens beschrieben, die noch im 20. Jahrhundert auf dem Indischen Ozean segelten oder noch segeln. Die Segelschiffe sind nicht in dem Maße, wie das bei den Booten der Fall ist, in ihrem Vorkommen und Einsatzgebiet an bestimmte Regionen gebunden. Der regionale Aspekt spielt deshalb bei der Behandlung der einzelnen Schiffstypen eine nur untergeordnete Rolle.

An dieser Stelle sei darauf verwiesen, daß der Begriff „Schiff" hier in etwas weiterem Sinne als sonst üblich verwendet wird. Definitionsgemäß ist ein Schiff ein größeres gedecktes Wasserfahrzeug. Wie man aber später noch sehen wird, hat zum Beispiel die *Batel* kein durchlaufendes Deck. Wegen ihrer Größe und Seetüchtigkeit erscheint es jedoch berechtigt, sie mit Segelschiffen im Sinne der oben genannten Definition in eine Reihe zu stellen.

Während man die einzelnen europäischen Segelschiffstypen im allgemeinen an ihrer Takelung erkennen kann, trifft dies für die indischen Segelschiffe nur bedingt zu. Häufig haben in Indien Schiffe mit gleicher äußerer Erscheinungsform unterschiedliche Bezeichnungen. Ihr Unterscheidungsmerkmal ist in solchen Fällen nicht die Takelung, sondern man unterscheidet sie nach Besonderheiten ihrer Stevenform. Beispielsweise unterscheiden

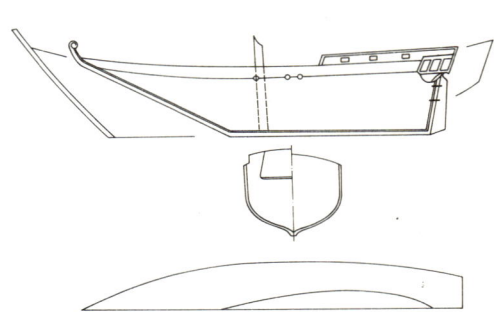

Fig. 53 Baghla FATHEL RAYMON, um 1910 im Hafen von Bombay vermessen

Länge über alles = 33,70 m
Breite = 6,74 m
Seitenhöhe = 3,90 m
Tragfähigkeit = 221 t
Hauptmast = 29,90 m
Hauptrah = 38,12 m
Hauptsegelfläche = 430 m^2
Besanmast = 18,60 m
Besanrah = 22,57 m
Besansegel = 202 m^2

(nach N. F. J. Wilson)

Fig. 54 Baghla, Darstellung aus dem 19. Jh. Vergleichsweise sind Bug- und Heckkontur der FATHEL RAYMON eingezeichnet
(nach B. K. Apte, mit freundlicher Genehmigung des State Board of Literature & Culture, Bombay)

sich die *Palagai Kattu Vathai* und die *Vala Vathi* (Fig. 23) nur im Hinblick auf die Form des Achterstevens sowie die Ruderanordnung, nicht aber bezüglich der Takelage.

Das einzige äußere Unterscheidungsmerkmal zwischen *Kotia* und *Ganja* ist, um ein weiteres Beispiel zu nennen, die Verzierung des Vorstevens. Ähnlich verhält es sich mit dem Unterschied zwischen *Dhangis* und *Nauris*.

Baghla (auch Baggla, Baggala, Bagala)

Baghla kommt aus dem Arabischen und bedeutet Maulesel. Möglicherweise resultiert diese Bezeichnung aus der großen Tragfähigkeit dieses Schiffes. Die *Baghla* war nämlich mit bis zu 500 t (gewöhnlich 300 bis 400 t) Ladefähigkeit das größte Segelfahrzeug an den Küsten Indiens. Die Bezeichnung *Baghla* kann aber auch von baghghal (langsam) abgeleitet sein im Gegensatz zur schnelleren *Sambuk* (siehe dort).

Die *Baghla* gehört zu den heute ausgestorbenen Schiffstypen. Wann das letzte Fahrzeug dieses Typs die Wellen des Indischen Ozeans gepflügt hat, ist wohl nicht mehr mit Sicherheit festzustellen. Um 1910 liefen noch *Baghlas* den Hafen von Bombay an. Auch noch um 1940 finden wir sie, wenn auch schon selten, an den Küsten des

Indischen Ozeans. Irgendwann zwischen 1960 und 1970 sind die *Baghlas* dann gänzlich von den Meeren verschwunden. Die *Baghla* ist arabischen Ursprungs und wurde hauptsächlich in den Häfen des Persischen Golfes gebaut.

Sie hat ein durch Schnitzereien reich verziertes hoch aufragendes Spiegelheck, das dem Schiff ein schwerfälliges Aussehen verleiht. Der Bug ist weit ausladend. Der das Vorschiff überragende Stevenbalken ist ebenfalls durch Schnitzereien verziert. Er bildet ein wesentliches Merkmal der *Baghla*.

Die *Baghla* ist gewöhnlich ein Dreimaster. Der Hauptmast steht nahezu auf halber Schiffslänge. Das Fahrzeug hat ein solides durchlaufendes Deck, das von einem etwa 1,2 m hohen Schanzkleid umgeben ist (Fig. 53). Hinter dem Hauptmast ist eine dreieckige und vor dem Hauptmast eine Rechtstluke angeordnet. Im Laderaum ist hinter dem Hauptmast ein dreieckiger Raum abgeteilt, in dem keine Ladung gefahren wird und der zum Ausschöpfen des Bilgeraumes vorgesehen ist. Der Ruderschaft reicht durch das Heck bis zum Poopdeck, das sich über 1/6 der Schiffslänge erstreckt. Vom Poopdeck aus wird das Ruder über Kettenzüge mit Hilfe eines Steuerrades gelegt.

Haupt- und Besanmast haben nur einen verhältnismäßig geringen vorlichen Fall. Die Lagerung des Hauptmastes besteht aus einem am Kiel verschiebbaren Holzblock. Der Mast ist an einem vertikalen Rundholz befestigt, das durch das Hauptdeck geführt ist. Dieses und die beiderseits des Mastes angebrachten Wanten sowie die Heißvorrichtung für die Rah bilden eine ausreichende Abstagung des Mastes.

Der Besanmast ist auf dem Hauptdeck gelagert und wird durch das vordere Ende des Poopdecks geführt. Der dritte ganz achtern angeordnete Mast ist mehr Ornament als Gebrauchsgegenstand und führt nur bei leichtem Wind ein Segel.

Die Rahen bestehen aus mehreren Stükken, die sich nach den Enden der Rah verjüngen. Die Länge der Rah des Hauptmastes ist etwa gleich der Schiffslänge. Über dem Hauptsegel wird bei leichtem Wind ein Segel gesetzt, das im Aussehen und in der Befestigung einem Royalsegel ähnelt.

Die Besatzung einer 300- bis 400-t-Baghla beträgt wegen der großen Segel 40 bis 50 Mann. Die *Baghla* hat ein auf dem Hauptdeck gelagertes Beiboot sowie ein weiteres, das querschiffs am Heck befestigt ist.

Als illustrierendes Beispiel werden nachstehend die Hauptabmessungen einer *Baghla* von 516 t Tragfähigkeit angegeben: Länge über alles = 42,7 m, Länge zwischen den Loten = 34,2 m, Breite = 8,6 m und Seitenhöhe = 5,5 m.

Die in der englischsprachigen Literatur des vorigen Jahrhunderts anzutreffende Aussage, daß die Formen der *Baghla* sich seit der Zeit Alexanders von Makedonien nicht verändert haben oder ähnliches, darf nicht unwidersprochen hingenommen werden. Schon der Heckspiegel deutet auf europäischen Einfluß aus einer späteren Epoche hin. Von Interesse dürfte in diesem Zusammenhang ferner sein, daß sich die Linien der *Baghla* noch in den letzten 100 Jahren deutlich verändert haben. Fig. 54 zeigt, gleiche Schiffsbreite vorausgesetzt, daß die Linien schlanker geworden sind. Das Heck weist mehr Reserveverdrängung auf und macht das Schiff seetüchtiger. Die Verringerung des Vorstevenfalls reduziert die bereits bei den Maratha-Kampfschiffen angedeuteten Unzulänglichkeiten im Seegangsverhalten.

Sambuk

Die Bezeichnung *Sambuk* leitet sich aus dem arabischen Wort sabk (schnell) ab. Obwohl nicht indischen, sondern arabischen Ursprungs, ist die *Sambuk* auch in den Häfen der indischen Westküste beheimatet und wird auch heute noch dort (so in Beypore, südlich Calicut), wenn auch nur noch selten, gebaut.

Die *Sambuk* ist ein zweimastiges gedecktes Schiff. Die Masten haben leicht vorlichen Fall. Durchschnittliche Abmessungen einer *Sambuk* sind: Länge über alles = 25 m, Breite = 5,5 m, Seitenhöhe = 2,8 m. Die Tragfähigkeit variiert zwischen 50 und 200 t. Das Schiff hat Spiegelheck, Poop und Schanzkleid (Fig. 55).

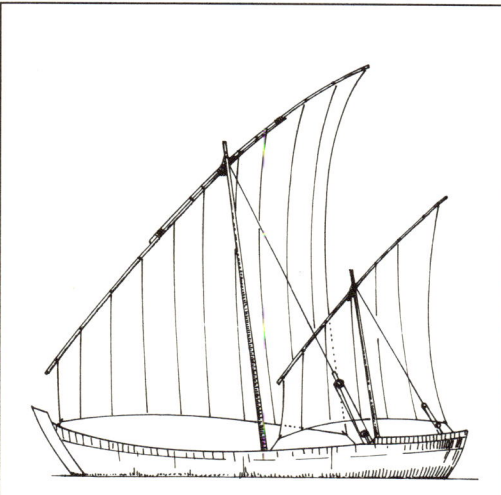

Fig. 55 Sambuk FULK AT FARAZ, um 1910 im Hafen von Bombay vermessen

Länge über alles = 27,00 m
Breite = 6,15 m
Seitenhöhe = 3,45 m
Tragfähigkeit = 146 t
Hauptmast = 23,20 m
Hauptrah = 29,30 m
Hauptsegel = 234 m²
Besanmast = 13,70 m
Besanrah = 15,90 m
Besansegel = 91,5 m²

(nach N. F. J. Wilson)

Kotia (auch Kothaya, Kothava, Kothia)

Der Ursprung des Wortes *Kotia* ist zweifelhaft. Die *Kotia* wird hauptsächlich an der Küste Gujarats (in Mandvi und Veraval) gebaut. In dem bereits zitierten griechischen Werk „Periplus Maris Erythraei" werden in eben diesem Gebiet als *Kotumba* bezeichnete indische Wasserfahrzeuge erwähnt. Von einigen Wissenschaftlern wird angenommen, daß es sich bei diesen Fahrzeugen um *Kotias* gehandelt hat. Das aber würde ein sehr hohes Alter dieses Schiffstyps bedeuten.

Die *Kotia* ist ein Schiff mit einer Poop und einem Spiegelheck, das oft durch Schnitzereien reich verziert oder bemalt ist (Abb. 58).

Am Bug befindet sich eine auffällige Verzierung, der sogenannte Papageienkopf oder -schnabel, der eine für alle *Kotias* typische Galionsfigur bildet. Das Schiff hat einen starken Sprung. Das steil nach achtern ansteigende Poopdeck gewährt gute Sicht. Die *Kotia* wird, ebenso wie die *Baghla*, mit einem Steuerrad vom Poopdeck aus gesteuert. Das Schiff verfügt über keine Back, hat jedoch ein niedriges Schanzkleid.

Die Tragfähigkeit der *Kotia* variiert zwischen 50 und 200 t. Sie hat gewöhnlich zwei, seltener drei Masten, wobei der dritte Mast mehr eine Verzierung als einen wirksamen Teil der Takelage darstellt. Der mittschiffs angeordnete Hauptmast ist in einer Mastspur am Kiel gelagert. Er hat einen leicht vorlichen Fall. Der Besanmast ist auf dem Hauptdeck gelagert und durch das Poopdeck an dessen vorderem Ende hindurchgeführt. Haupt- und Besanmast haben Stengen, an denen bei leichtem Wind rechteckige Marssegel gesetzt werden. Haupt- und Besanmast führen Lateinsegel, deren Hals (vordere untere Ecke), arabischem Brauche folgend, weggeschnitten ist.

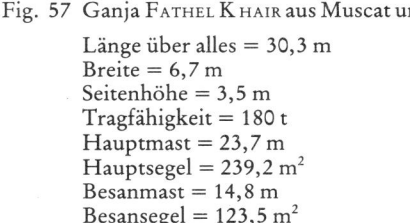

Fig. 56 Stevenverzierung einer Ganja. Der Papageienkopf der Kotia ist hier auf eine mit Ornamenten verzierte Kreisscheibe und der Schnabel auf einen gekrümmten Streifen reduziert worden.
(nach J. Hornell: Water transport.)

Fig. 57 Ganja Fathel Khair aus Muscat um 1910

Länge über alles = 30,3 m
Breite = 6,7 m
Seitenhöhe = 3,5 m
Tragfähigkeit = 180 t
Hauptmast = 23,7 m
Hauptsegel = 239,2 m²
Besanmast = 14,8 m
Besansegel = 123,5 m²

(nach N. F. J. Wilson)

Fig. 58 Kotia, Darstellung aus dem 19. Jh.
(nach D. B. Irani)

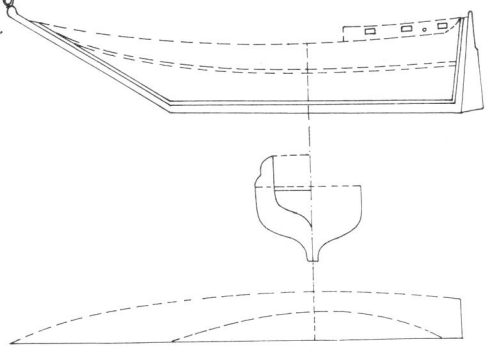

Die Rah des Hauptmastes ist oft länger als das Schiff. Das Hauptsegel ist mit seinem vorderen Teil an einem Rundholz befestigt, das über den Bug hinausragt und dessen hinteres Ende entweder am Hauptmast oder an einem querschiffs über die Reling gelegten Rundholz befestigt ist.

An Deck führt die *Kotia* ein Beiboot (als *Machwa* bezeichnet) mit. Große *Kotias* haben zusätzlich noch ein Einbaumkanu. Die Besatzungsstärke einer *Kotia* überschreitet selten 20 Mann.

Das Unterwasserschiff wird mit einer aus Fett und Kalk zusammengekochten Masse angestrichen oder mit einer Kupferbeplattung überzogen. Im unmittelbaren Bereich oberhalb der Wasserlinie wird ein Anstrich aufgebracht. Der darüberliegende Teil der Außenhaut wird gefirnist.

Ganja (auch *Ganjo, Gunjoo, Chuncha*)
Der Ursprung des Wortes ist ebenfalls zweifelhaft. Es stammt möglicherweise aus dem Persischen (ganj = Lagerhaus).

Die *Ganja* ist nach N. F. J. Wilson (1910) eine in Mandvi (Gujarat) für arabische Auftraggeber oder von Arabern in Sur (Oman) nach dem Mandvi-Modell gebaute *Kotia*. Die *Ganja* ist gewissermaßen das arabische Gegenstück der *Kotia*. Der einzige äußerlich erkennbare Unterschied zwischen *Kotia* und *Ganja* besteht in der Verzierung des Vorstevens (Fig. 56).

Fig. 57 zeigt eine *Ganja* (um 1910) und Fig. 58 vergleichsweise eine *Kotia* aus dem vorigen Jahrhundert. Hier wird eine ähnliche Veränderung in der Linienführung wie bei der *Baghla* deutlich.

Patimar und *Dhangi*
Patimar und *Dhangi* ähneln den Fischerei-*Machwas*. Sie sind schlanker als die *Kotias* und haben am vorderen Ende des Kiels (die *Patimars* zum Teil auch achtern) eine Kielhacke (Fig. 59), die der Kursstabilisie-

rung dient. Diese wegen ihrer Geschwindigkeit bemerkenswerten Fahrzeuge führen ausnahmslos Lateinsegel.

Sowohl *Patimar* als auch *Dhangi* haben Haupt- und Besanmast. Der Hauptmast besteht aus einem kräftigen, etwa mittschiffs gelagerten Rundholz mit starkem vorlichen Fall (15 bis 30°, im Durchschnitt 20°), um die lange unhandliche Rah unbehindert setzen zu können. Der Besanmast ist kleiner als der Hauptmast und hat einen geringeren Fall (5 bis 25°, im Durchschnitt 15°).

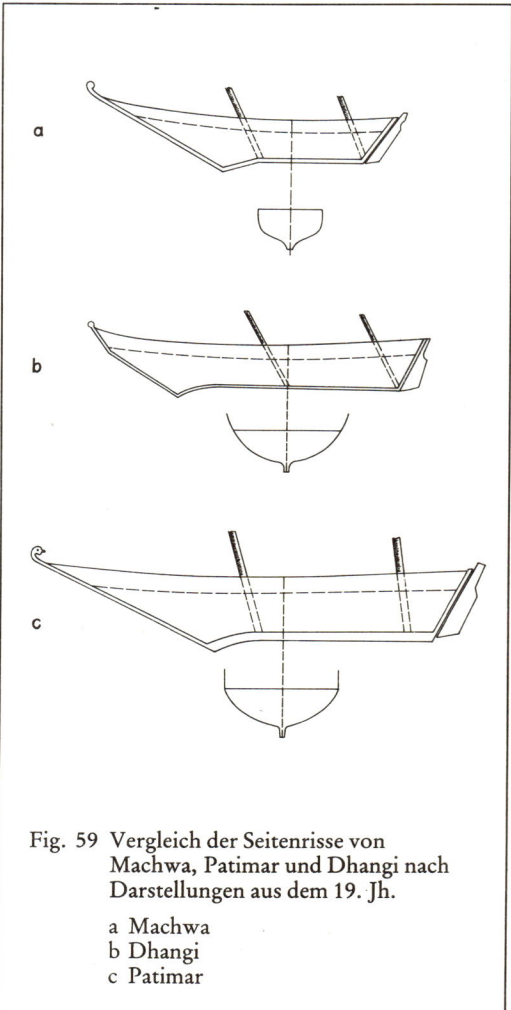

Fig. 59 Vergleich der Seitenrisse von Machwa, Patimar und Dhangi nach Darstellungen aus dem 19. Jh.

a Machwa
b Dhangi
c Patimar

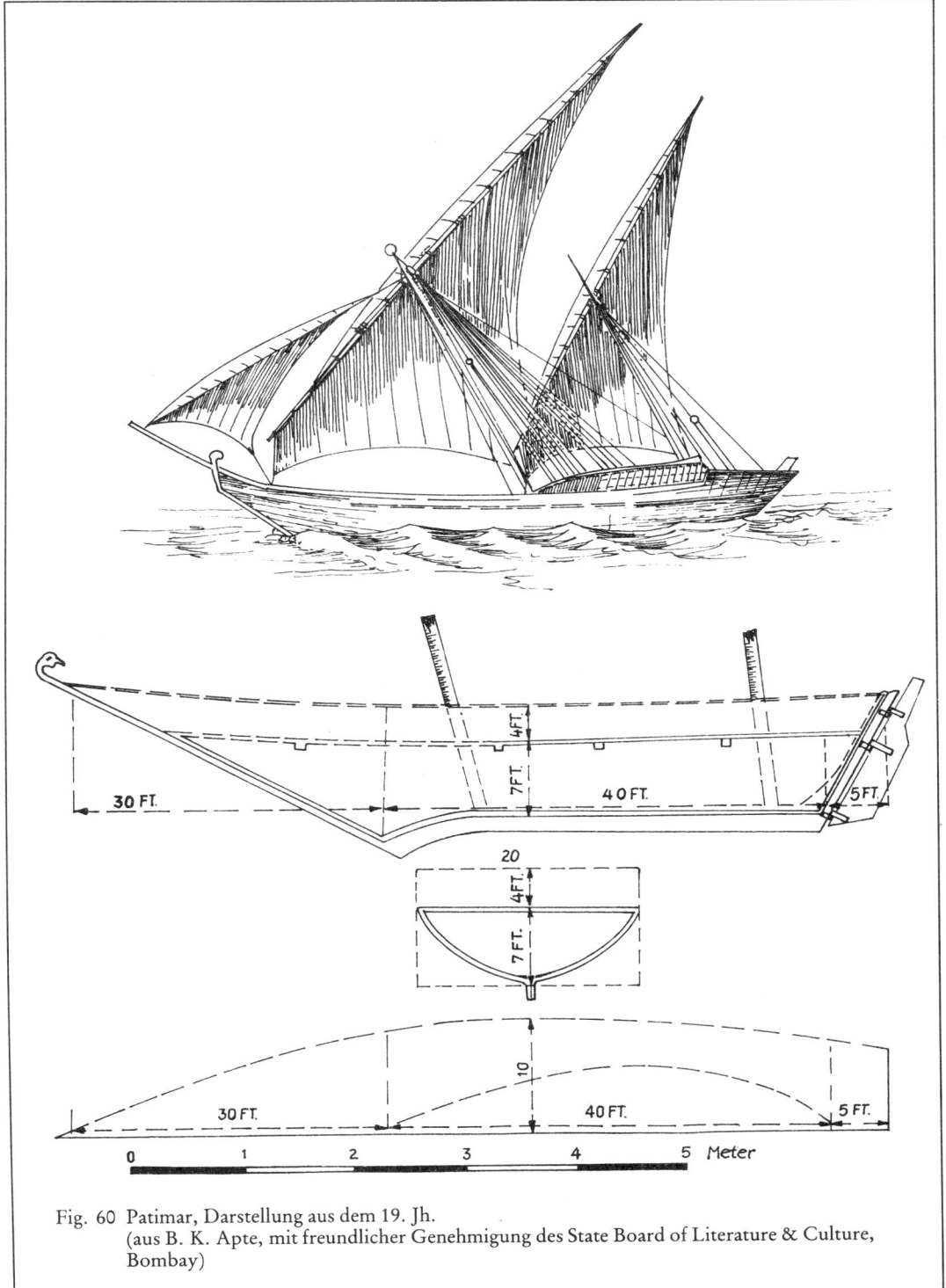

Fig. 60 Patimar, Darstellung aus dem 19. Jh.
(aus B. K. Apte, mit freundlicher Genehmigung des State Board of Literature & Culture,
Bombay)

*Patimar (auch Pattimar, Pattamar,
Phatemar)*

Die Bezeichnung *Patimar* kommt offenbar aus dem Hindi (path-mar = Kurier, Bote). Das Wort wurde in Pathemari verdreht, was im Arabischen soviel wie Schlange des Sieges (mare = Schlange, phateh = Sieg) bedeutet. Gelegentlich finden wir auch die Bezeichnung *Fatemari*.

Die *Patimar* ist an der gesamten indischen Westküste bis hinunter nach Sri Lanka im Einsatz. Ihre Tragfähigkeit erreicht 180 t, jedoch hat die Mehrzahl der *Patimars* weniger als 90 t.

Eine *Patimar* mit 100 t Tragfähigkeit wird, um ein Beispiel zu geben, von einer 17köpfigen Besatzung gefahren.

In einem Bericht aus dem Jahre 1833 wird die *Patimar* als bestes Fahrzeug an der indischen Küste bezeichnet. Sie ist ein guter, jedoch nicht sehr schneller Segler. Ihre relativ große Segelfläche und das meist fehlende durchlaufende Deck machen die Patimar zu einem typischen Küstenfahrzeug. Sie ist für lange Reisen auf hoher See wenig geeignet (Fig. 60).

Die *Patimar* wird an der indischen Westküste südlich von Bombay gebaut. Sie hat sich (nach Hornell) aus dem aufgeplankten Auslegerkanu Ratnagiris über die *Machwa* bis hin zu ihrer heutigen Form entwickelt.

Die *Patimar* hatte ursprünglich, ebenso wie die *Machwa*, ein Spitzgattheck und einen geraden, weit ausfallenden Vorsteven. Die kleinen *Patimars* weisen mitunter auch heute noch diese typischen Konstruktionsmerkmale auf. Ähnlich wie bei *Gurabs* war bei den *Patimars* (um 1800) die Länge des geraden Vorstevens gleich der Kiellänge. Zu dieser Zeit wurden kleinere *Patimars* (bis zu 60 t Tragfähigkeit) weiterhin genäht, wohingegen die größeren Fahrzeuge dieses Typs bereits mit Nägeln und Bolzen gefügt wurden.

In der weiteren Entwicklung begann das

Spiegelheck das Spitzgattheck zu verdrängen. Ebenso wie bei *Baghla* und *Kotia* finden wir bei den *Patimars*, die zu Beginn des 20. Jahrhunderts gebaut wurden, statt des geraden Vorstevens einen gekrümmten, steiler aufragenden Steven sowie einen stark ausgeprägten Sprung (Fig. 61).

Kleinere *Patimars* haben vorne und achtern ein geplanktes Deck. Im Mittelteil des Schiffes sind querschiffs verlaufende Deckbalken angeordnet, die mit gespaltenen Bambusstangen abgedeckt sind. Das Bambusdeck kann beim Be- und Entladen des Schiffes wie eine Matte aufgerollt werden. Zwischen Haupt- und Besanmast, mitunter auch dahinter, befindet sich ein aus Bambusstäben und Mattengeflecht bestehender zeltförmiger Aufbau, der als Unterkunft für die Mannschaft dient. Zusammen mit dem abnehmbaren Mattengeflecht-Schanzkleid (Höhe = 0,75 m) verleiht er dem Schiff ein schwerfälliges Aussehen (Abb. 59). Mittlere und große *Patimars* haben heutzutage meist eine durchlaufende Deckbeplankung.

Darstellungen auf Seekarten des 18. Jahrhunderts lassen erkennen, daß die *Patimar* ursprünglich nur einen Mast hatte. Aus dieser Variante hat sich dann wohl im 19. Jahrhundert schrittweise die heutige Takelage, bestehend aus Haupt- und Besanmast mit Lateinbesegelung entwickelt.

Der mittschiffs gelagerte Hauptmast hat zur Absteifung back- und steuerbords je zwei Wanten, der auf dem achteren Deck gelagerte Besanmast je eines. Die Taljen zum Setzen der Rahen übernehmen an beiden Masten die Funktion eines Backstags. Die Länge der Hauptrah ist etwa gleich der Schiffslänge. Die Länge der Besanrah beträgt nur 75% davon.

Haupt- und Besanmast wurden später noch ergänzt durch einen achtern angeordneten dritten Mast, der aber nur bei schönem Wetter eine Besegelung führt. Die *Pati-*

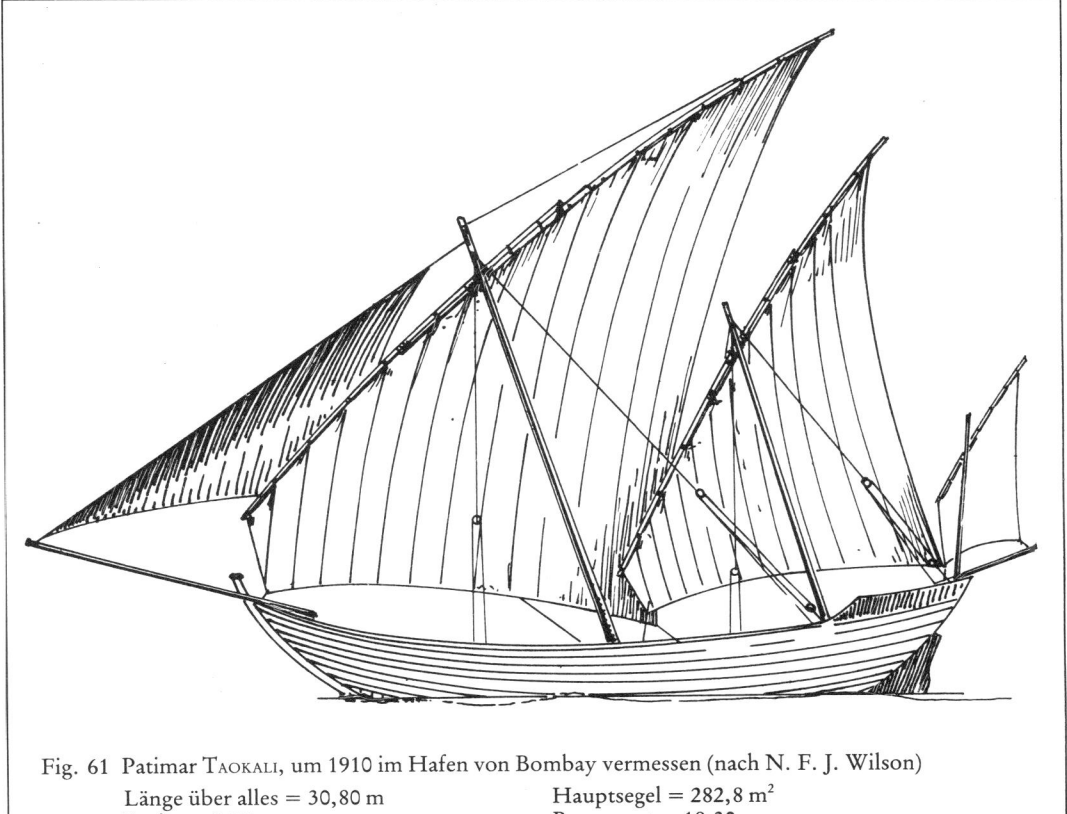

Fig. 61 Patimar Taokali, um 1910 im Hafen von Bombay vermessen (nach N. F. J. Wilson)

Länge über alles = 30,80 m	Hauptsegel = 282,8 m²
Breite = 8,54 m	Besanmast = 18,30 m
Seitenhöhe = 3,05 m	Besanrah = 22,27 m
Hauptmast = 24,10 m	Besansegel = 134 m²
Hauptrah = 33,25 m	Klüver = 59,30 m²

mar hat zusätzlich einen Bugspriet mit einem Klüver. Darstellungen von Bugspriet und Klüver finden sich wohl erstmalig auf den bereits zitierten Seekarten.

Die *Patimar* geht beim Kreuzen nicht mit dem Bug durch den Wind, sondern führt eine Halse aus, das heißt, sie dreht mit dem Heck durch den Wind.

Der Überwasserteil des Schiffes ist nur in seltenen Fällen mit Öl konserviert. Oft wird ein schwarzer Anstrich oder eine Farbkombination (wie dunkelrote Beplankung, schwarzes Schanzkleid, weißes Band vorn und achtern) verwendet. Den Abschluß des Vorstevens bildet zum Bei-

spiel eine Kugel (Abb. 60), die meist in leuchtenden Farben gestrichen ist. Falls ein Heckspiegel vorhanden ist, ist dieser oft mit einigen groben Ornamenten bemalt.

Dhangi (auch Dhungi)

In Belutschisch bedeutet *Dhangi* soviel wie „Balken". Aus diesem Wort ist die englische Bezeichnung Dhingi oder Dingy entstanden.

Die *Dhangi* hat, wie die *Patimar* und die *Machwa*, eine Stevenhacke (vergleiche Fig. 59). Sie ist heutzutage gedeckt und hat eine Poop. Unverwechselbares Merkmal aller *Dhangis* ist ein in Verlängerung des

101

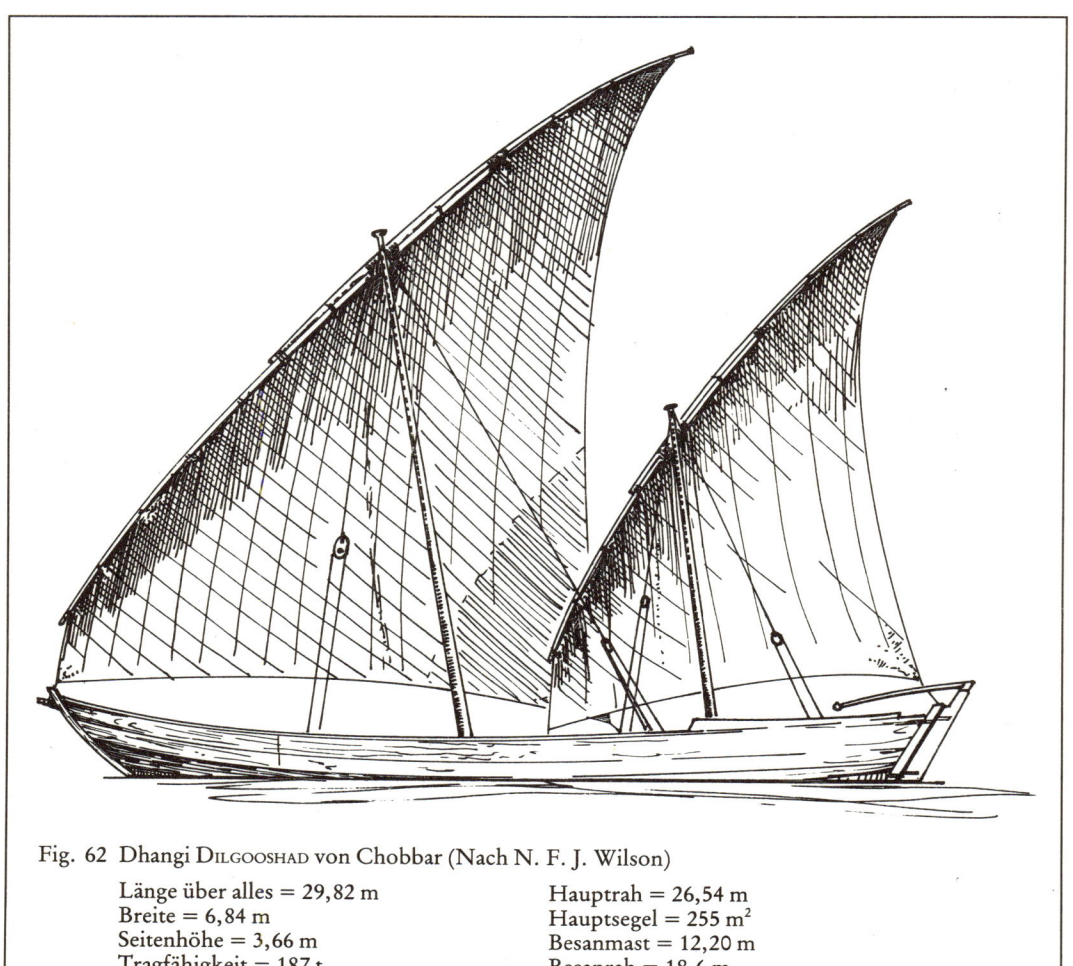

Fig. 62 Dhangi DILGOOSHAD von Chobbar (Nach N. F. J. Wilson)

Länge über alles = 29,82 m
Breite = 6,84 m
Seitenhöhe = 3,66 m
Tragfähigkeit = 187 t
Hauptmast = 21,35 m

Hauptrah = 26,54 m
Hauptsegel = 255 m²
Besanmast = 12,20 m
Besanrah = 18,6 m
Besansegel = 130,6 m²

Schanzkleides über den Steven hinausragendes kurzes Rundholz.

Die Takelage besteht aus mit Lateinsegeln bestücktem Haupt- und Besanmast. Die *Dhangi* gilt als ausnehmend schnelles Fahrzeug und guter Ozeantramp. Im Gegensatz zu den meisten anderen Schiffen mit Lateinsegeln fährt die *Dhangi* gelegentlich auch Wendemanöver.

Dhangis stammen von der Nordwestküste Gujarats. Ihre Tragfähigkeit liegt zwischen 60 t (Länge über alles = 11 m, Breite = 5,6 m, Seitenhöhe = 2,6 m) und 200 t

(Länge über alles = 32 m, Breite = 6,8 m, Seitenhöhe = 3,7 m). *Dhangis* haben eine gegenüber der *Patimar* geringere Besatzung (bei 180 t Tragfähigkeit 17 Mann).

Die Poop erstreckt sich gewöhnlich über ein Drittel der Schiffslänge. Sie ist eingefaßt durch eine niedrige Reling, in die auch Einrichtungen zum Belegen von Tauen der Takelage eingearbeitet sind. Das am spitz zulaufenden Heck mit Schlaufen befestigte Ruder ragt mit dem Ruderkopf bis über das Poopdeck hinaus und wird von dort aus mit Hilfe einer Pinne gelegt (Fig. 62).

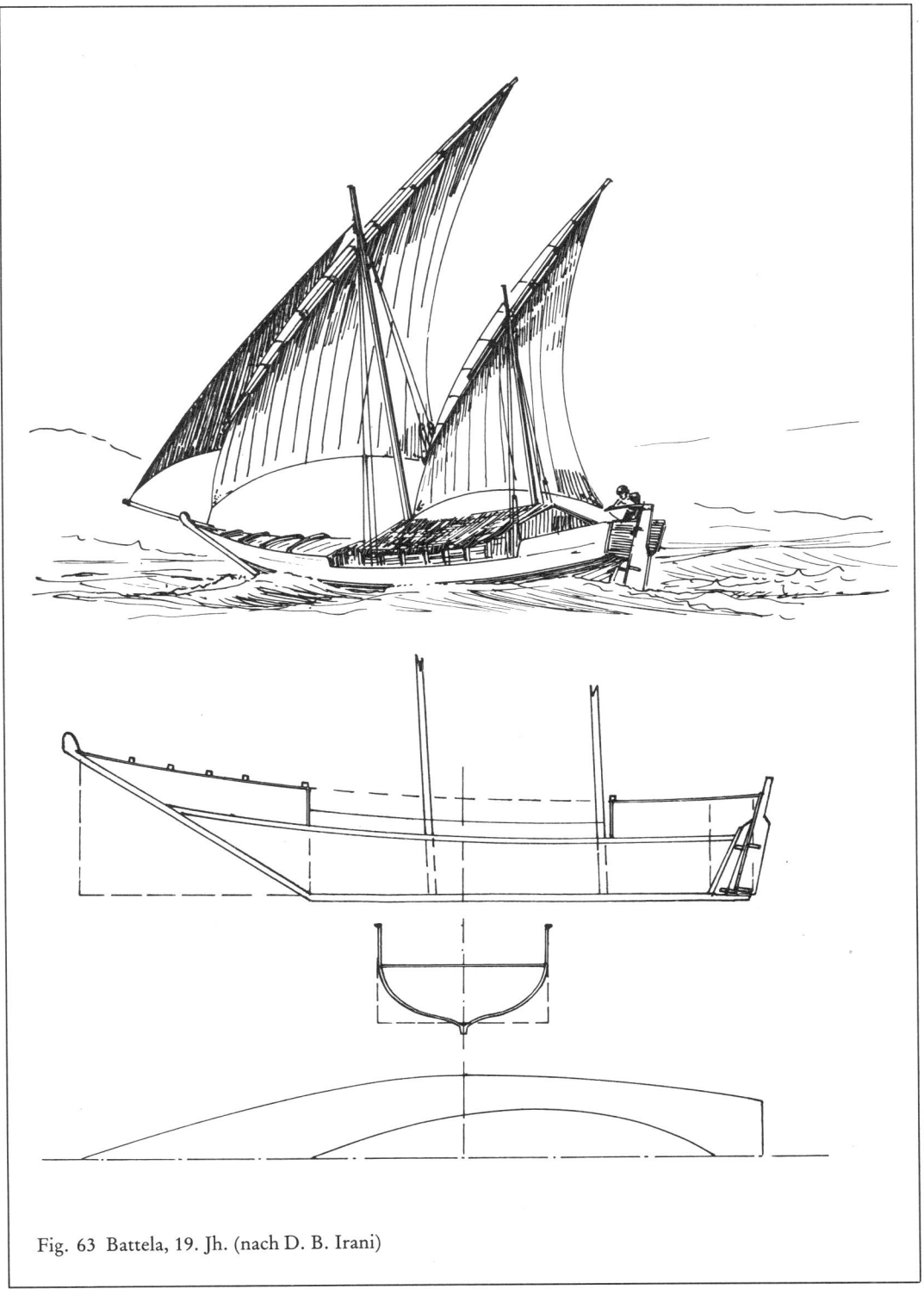

Fig. 63 Battela, 19. Jh. (nach D. B. Irani)

Noch im 19. Jahrhundert finden wir die *Dhangi* ohne Poop. Das Fahrzeug hat ein etwa 1,2 m hohes Schanzkleid und hinter dem Hauptmast eine lange dreieckige Luke. An Deck im Mittschiffsbereich gelagert wird eine als *Machwa* bezeichnete Jolle mitgeführt.

Der Hauptmast ist am Kiel und Deck gelagert, der Besanmast dagegen am Haupt- und Poopdeck. Beide Masten haben auf jeder Seite zwei Wanten. Ansonsten ähnelt die Takelage jener der *Patimar*. Das Fahrzeug führt zwei Lateinsegel und bei leichtem Wind zusätzlich quadratische Toppsegel.

Die *Nauris* sind in ihrer äußeren Erscheinung den *Dhangis* sehr ähnlich. Sie unterscheiden sich von den letzteren durch ihren geschnitzten Stevenkopf und das Fehlen des „Bugspriets" (Abb. 61). Auch ist ihre Tragfähigkeit mit maximal 80 t geringer als die der *Dhangis*.

Die *Dhangis* werden hauptsächlich an der Westküste bis hinunter nach Calicut gebaut. Die *Nauris* dagegen nur an der Küste von Kathiawar (Gujarat).

Battela (auch *Batilla*, Wortstamm wie bei *Batel*)

Die *Battela* ist ein ungedecktes Fahrzeug. Querschiffs angeordnete Deckbalken dienen der Versteifung des Schiffskörpers. Der weit ausfallende Bug hat einen verzierten Stevenbalken, und das Heck hat einen Spiegel. Im Vor- und Achterschiff ist die Seitenbeplankung etwa 60 cm höher als im Mittschiffsbereich. Hier hat das Fahrzeug ein Gangbord, auf dem im Abstand von etwa einem Meter vertikale Rundhölzer angeordnet sind, an denen ein Mattengeflecht befestigt ist. Dieses bildet eine Art Schanzkleid.

Im Vor- und Achterschiff auf den Deckbalken lose aufgelegte Planken bilden zwei Plattformen. Unter der Bugplattform wird Brennholz gelagert, auf ihr wird gekocht. Die Plattform achtern hat eine aus Matten bestehende Überdachung und dient als Unterkunft für die Besatzung.

Das Schiff hat meist zwei, mitunter drei Masten. Haupt- und Besanmast haben leicht vorlichen Fall. Sie sind an je einem Querdeckbalken festgelascht und außerdem durch je zwei Wanten abgestagt. Das Fahrzeug führt Lateinsegel und außerdem einen Klüver (Fig. 64). Einige *Battelas* haben auch Reffbändsel, wie sie auf europäischen Schiffen üblich sind.

Die *Battela* führt ein Beiboot (als *Machwa* bezeichnet) mit. Es wird bei starkem Wind auf der Luvseite ausgebracht und durch ein Tau, das am Topp des Hauptmastes befestigt ist, gehalten. Es bildet so, erforderlichenfalls noch mit mehreren Seeleuten besetzt, eine der Krängung des Schiffes entgegenwirkende Kraft (Fig. 63).

Battelas sind typische Leichtwettersegler und laufen während der Monsunzeit grundsätzlich nicht aus. Sie erreichen Tragfähigkeiten von 40 bis 100 t. Die Besatzungsstärke ist relativ gering. Eine *Battela* mit einer Tragfähigkeit von 50 t hat eine Besatzung von 7 Mann. *Battelas* werden meistens auf Werften in Bassein, Billimora, Bulsar und Surat gebaut. Sie sind in der Küstenschiffahrt von Bombay bis in den Golf von Cambay eingesetzt.

Padow (auch *Padao*)

Padow stammt vermutlich aus den drawidischen Sprachen: pad = offen, also offenes (ungedecktes) Fahrzeug. Die *Padow* ist im Aussehen der *Battela* sehr ähnlich. Sie wird auf denselben Werften gebaut und im selben Küstenbereich eingesetzt.

Die *Padow* ist kleiner als die *Battela* (bis zu 60 t Tragfähigkeit) und hat gewöhnlich einen, selten zwei Masten sowie einen Klüver (Fig. 64).

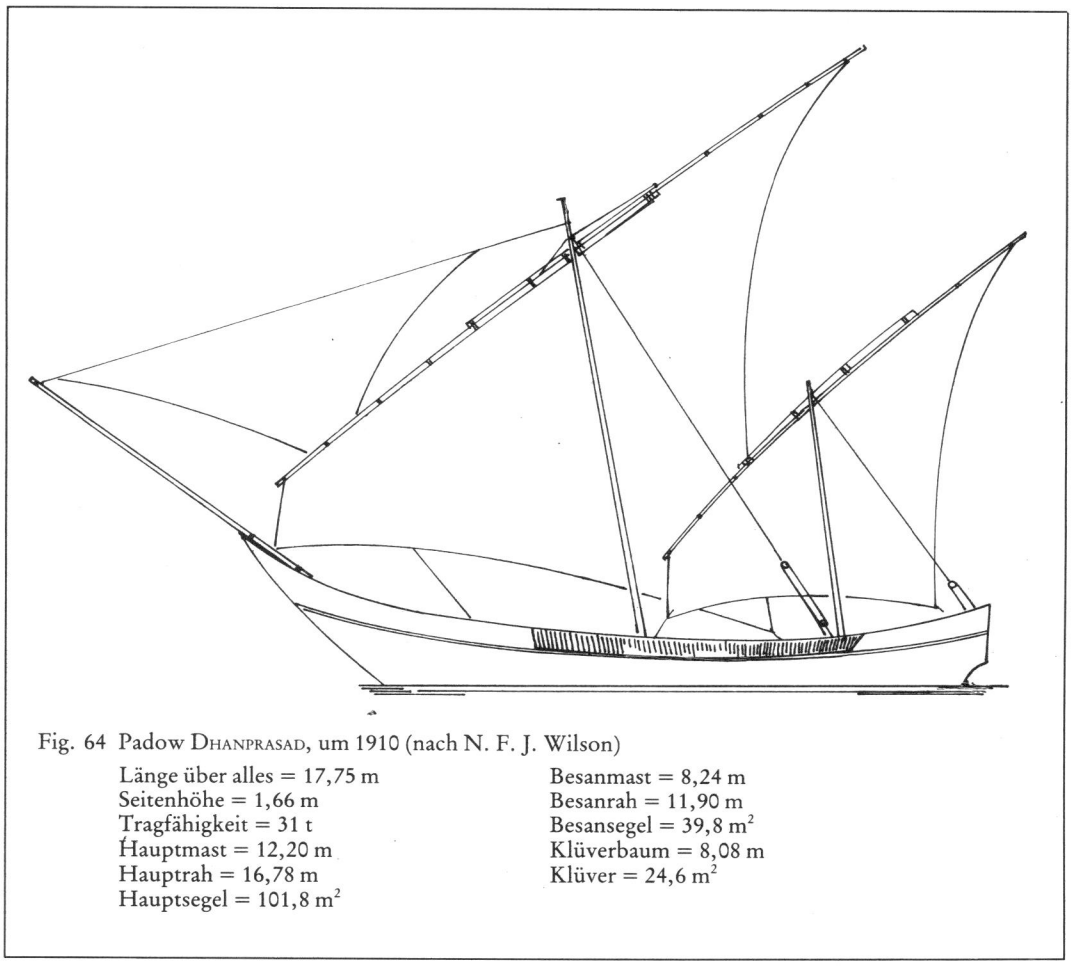

Fig. 64 Padow Dhanprasad, um 1910 (nach N. F. J. Wilson)

Länge über alles = 17,75 m
Seitenhöhe = 1,66 m
Tragfähigkeit = 31 t
Hauptmast = 12,20 m
Hauptrah = 16,78 m
Hauptsegel = 101,8 m²

Besanmast = 8,24 m
Besanrah = 11,90 m
Besansegel = 39,8 m²
Klüverbaum = 8,08 m
Klüver = 24,6 m²

Eine Modifikation der *Padow*, die Fracht-*Padow* oder *Prow*, wird eingesetzt, um Ladung von Seeschiffen zu übernehmen und an der Küste anzulanden. Mit einer Tragfähigkeit bis zu 100 t ist sie größer als die normale *Padow*. Mit einem L/B-Verhältnis von etwa 3 ist die Fracht-*Padow* recht breit, also ist sie vorrangig auf Tragfähigkeit und nicht auf Geschwindigkeit ausgelegt (Fig. 65 und 66). Kleine Fracht-*Padows* werden auch als *Ballaos* bezeichnet.

Die Fracht-*Padow* hat ein Rundheck. Der Schiffskörper ist durch Querbalken ausgesteift. Vorne und achtern hat die Fracht-*Padow* je ein kurzes Deck, das zusammen mit einem Querschott im Vor- und Achterschiff je einen Raum bildet, in dem Taue, Segel und anderes gestaut werden. Unter einem Deck mittschiffs befinden sich die Küche sowie die Frischwasservorräte.

Batel (auch *Butille*)

Die Bezeichnung leitet sich aus dem Portugiesischen (betel = Boot) ab.

Die *Batel* (Fig. 67) ist das indische Gegenstück zur arabischen *Sambuk*. Sie hat einen ausfallenden Steven, der ebenso wie bei der *Sambuk* unverziert ist. Das Fahr-

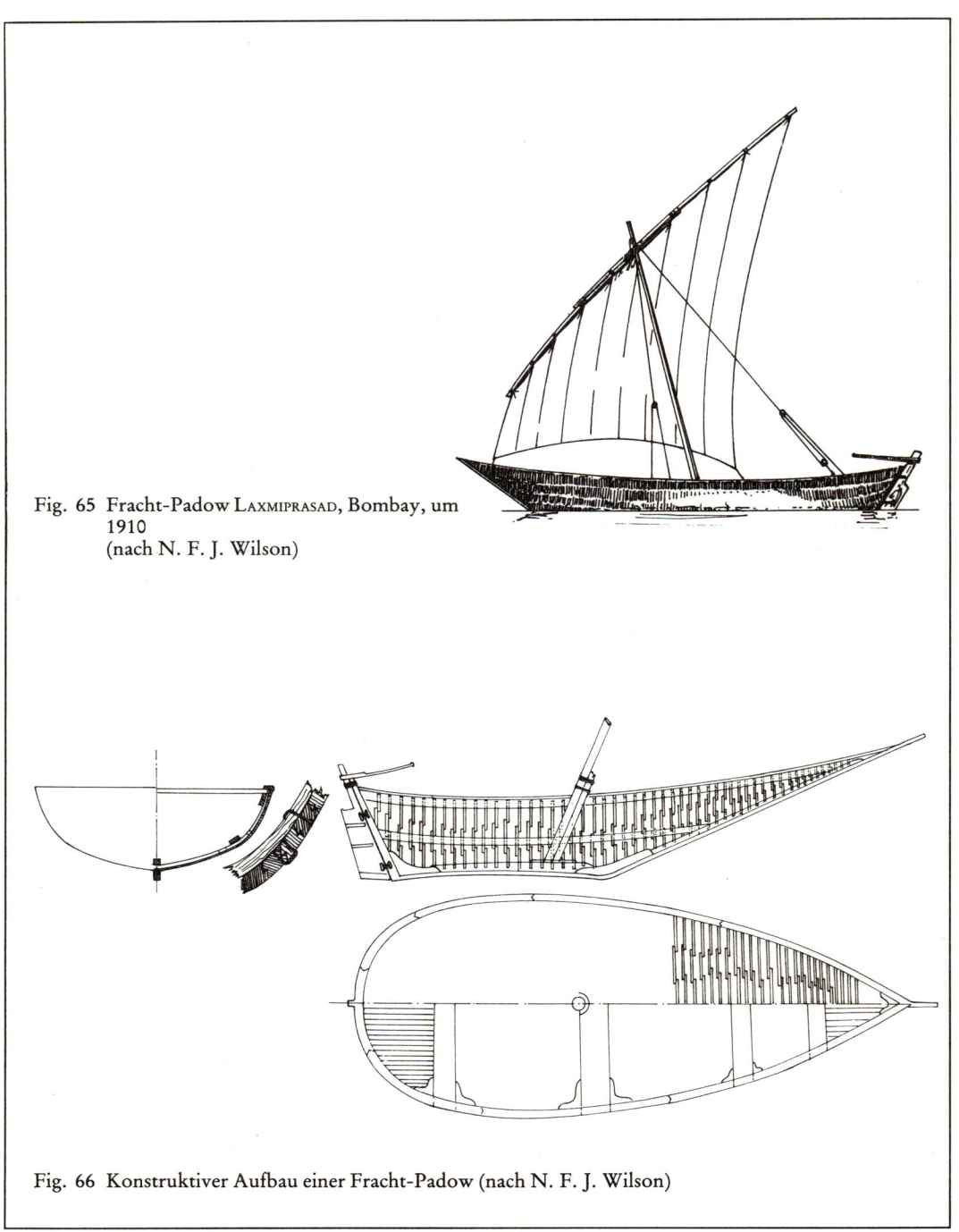

Fig. 65 Fracht-Padow Laxmiprasad, Bombay, um
1910
(nach N. F. J. Wilson)

Fig. 66 Konstruktiver Aufbau einer Fracht-Padow (nach N. F. J. Wilson)

zeug hat ein Spiegelheck. Das mit einer
Pinne versehene Ruder wird mit der Hand
gelegt.

Vorne und achtern hat die *Batel* ein par-
tielles Deck. Unter dem Achterdeck ist
die Kochgelegenheit angeordnet. Wenige

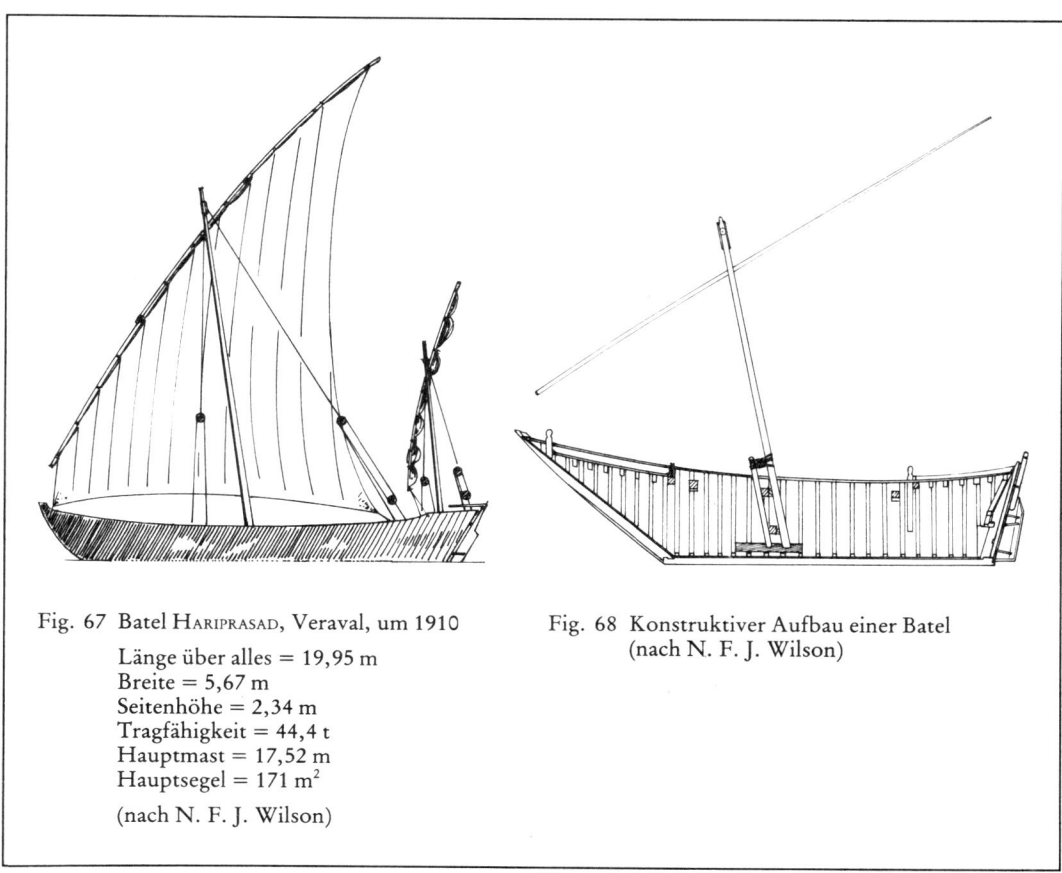

Fig. 67 Batel HARIPRASAD, Veraval, um 1910

Länge über alles = 19,95 m
Breite = 5,67 m
Seitenhöhe = 2,34 m
Tragfähigkeit = 44,4 t
Hauptmast = 17,52 m
Hauptsegel = 171 m²

(nach N. F. J. Wilson)

Fig. 68 Konstruktiver Aufbau einer Batel
(nach N. F. J. Wilson)

starke Querbalken dienen der Versteifung des Schiffskörpers (Fig. 68). Das Fahrzeug hat nur einen im Mittelschiffsbereich stehenden Mast mit vorlichem Fall. Er ist in einer Mastspur gelagert und stützt sich an zwei Querbalken ab. Zusätzlich ist ein kurzes Rundholz in der Mastspur gelagert und durch Zurringe mit dem Mast verbunden. Eine derartige (oder ähnliche) Befestigung des Mastes wird bei allen Fahrzeugen vorgesehen, die kein festes durchlaufendes Deck haben, an dem der Mast zusätzlich gelagert werden könnte. Diese Konstruktion mag auf den ersten Blick übertrieben erscheinen. Sie findet jedoch ihre Begründung, wenn man sich die Größe des Segels und damit die auf die Mastlagerung wirkenden Kräfte vergegenwärtigt, die in die

Rumpfkonstruktion eingeleitet werden müssen. Der Mast ist außerdem an Back- und Steuerbord durch zwei Wanten abgesteift. Große *Batels* haben einen zweiten Mast, der am hinteren Ende des Kielschweins sowie am Achterdeck gelagert ist.

Achtern ist eine Reling angeordnet, auf welcher sich die Rah abstützt, wenn sie gefiert ist. Neben den normalen Segeln verfügt die *Batel* zusätzlich über zwei kleinere Schwerwettersegel. Sie führt ein Beiboot (*Machwa*) mit.

Die *Batel* erreicht Tragfähigkeiten bis zu 100 t. Sie ist ein guter Segler und gilt als seetüchtiger als *Patimars*, *Battelas* und *Padows*. Für eine *Batel* von 45 t Tragfähigkeit wird eine Besatzung von 5 Mann benötigt. Die *Batel* verkehrt an der indischen Westküste. Sie wird hauptsächlich an der Küste von Kathiawar und am Golf von Cutch gebaut (Abb. 63).

Toni

Toni ist aus Doni (auch Dhoni), dem Wort für Kanu in der Kanara-Sprache, abgeleitet. Als *Toni* bezeichnet man in Bombay ein kanuförmiges Boot zur Personenbeförderung. Es besteht aus einem Einbaum mit seitlicher Aufplankung und erreicht eine Länge von maximal 10 m. Es wird gesegelt oder/und gerudert.

Als *Toni* wird aber auch ein seegehendes zweimastiges Segelschiff bezeichnet. Da diese Schiffe ihren Heimathafen meist in Tuticorin haben, werden sie auch als *Tuticorin-Tonis* (manchmal auch als *Tuticorin-Lugger*) bezeichnet. Sie haben sich offensichtlich aus den bereits behandelten, Mitte des vorigen Jahrhunderts in Tuticorin entstandenen einmastigen Leichtern entwickelt. Letztere wurden, als zweimastige Variante, in der Küstenschiffahrt bis hinauf nach Bombay eingesetzt. Daraus entwickelten sich zu Beginn des 20. Jahrhunderts die gedeckten zweimastigen *Padagus*, welche als die Vorläufer der heutigen Tonis anzusehen sind (Abb. 64).

Die *Toni* ist ein äußerst robust gebautes Fahrzeug. Sie hat die im indischen Schiffbau übliche Karweelbeplankung, die durch engstehende Spanten nahezu quadratischen Querschnitts solide ausgesteift ist. Die Außenhautbeplankung ist mit etwa 10 cm Dicke ungewöhnlich stark. Die Innenkante der Spanten trägt eine weitere starke Beplankung, so daß das Schiff praktisch eine Doppelhülle hat. Die *Toni* hat nur einen Laderaum. Im Achterschiffsbereich ist unter Deck ein kleiner Raum vom Laderaum abgetrennt, der als Unterkunft für die Mannschaft dient. Der Kapitän ist in einem kleinen, nicht mehr als 1,6 m hohen Decksaufbau im Achterschiff unterge-

bracht. Im Vorschiff ist unter Deck ein zum Laderaum hin offener Raum angeordnet, der als Küche dient. Für die Trinkwasserserversorgung werden Holzfässer mit Frischwasser verwendet.

Die steil aufragenden, fast geraden Steven verleihen der *Toni* ein schwerfälliges Aussehen. Das Heck ist elliptisch. Das Ruder, an dem eine lange Pinne befestigt ist, wird von Hand gelegt. Lade- und Ankerwinden werden manuell betrieben.

Die *Tonis* variieren wenig in der Größe. Sie haben etwa folgende Parameter: Länge = 40 m, Breite = 9,2 m, Seitenhöhe = 4,3 m, Tiefgang = 2,5 bis 2,75 m. Ihre mittlere Tragfähigkeit liegt bei etwa 400 t.

Wegen ihrer robusten Konstruktion beträgt die Lebensdauer dieser Schiffe manchmal mehr als 60 Jahre.

Die *Toni* hat sehr starke Masten und eine auffallende Beseglung (Abb. 64). Der aniya maram, der Vormast, ist der größte Mast. Er trägt das periya pai, das große Segel. Der Zentralmast (nadu maram) trägt das nadu maram pai, das Segel des Zentralmastes. Der kleinere Besanmast, pitchal maram, trägt eine Art Gaffelsegel (kose). Unter dem Großbaum des Besanmastes wird ein weiteres Segel, das bome pai, gesetzt. Alle Masten führen zusätzlich Marssegel (towser). Das Marssegel über dem periya pai heißt aniya towser.

Am Bugspriet werden ein bis zwei Klüver gefahren. Anstelle der Klüver wird teilweise auch ein dastoor gesetzt. Dies ist ein viereckiges Segel. Sein kurzes Vorliek ist einerseits am Bugspriet und andererseits an einem Rundholz befestigt, das in spitzem Winkel zum Bugspriet positioniert ist. Außerdem werden ein oder zwei Segel unterhalb des Bugspriets gesetzt. Sie werden, offenbar wegen ihrer Position, im Tamil als erstes (mudal thanni pai) und zweites Wassersegel bezeichnet.

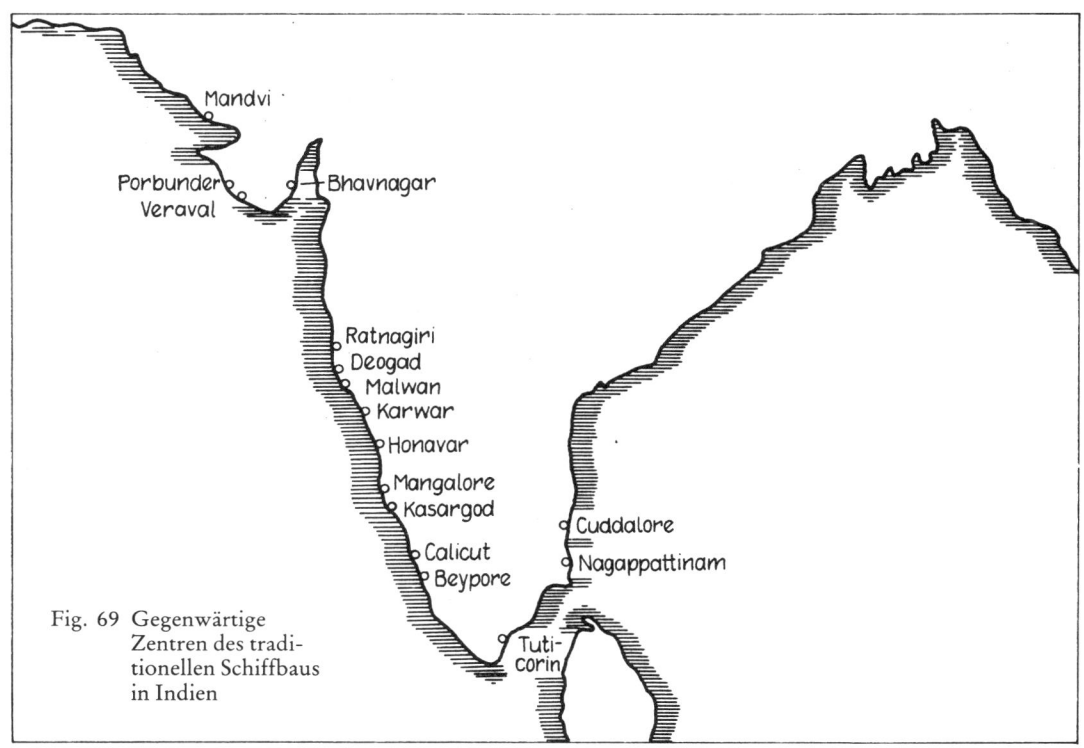

Fig. 69 Gegenwärtige
Zentren des tradi-
tionellen Schiffbaus
in Indien

Die *Toni* ist auf Vorwind- und Raum-
schotkursen ein schneller Segler, aber, verglichen mit den *Manjis* der Malabarküste,
am Wind langsamer. Charakteristisch für
die *Tonis* ist ihr schwarzer Anstrich.

Bau der Kotia und Patimar

Neben vielen über den gesamten Küstenbereich Indiens verstreuten Bootswerften,
deren Anlagen aus kaum mehr als einem
Palmendach und den Handwerkszeugen
der Zimmerleute bestehen, haben in Indien
auch einige Zentren des traditionellen See-
schiffbaues überlebt.

In Gujarat sind es Porbunder, Veraval,
Mandvi und Sikka-Bhavnagar. In Maha-
rashtra sind Ratnagiri, Deogad und Mal-
wan zu nennen. In Karnataka Mangalore,
Honavar und Karwar. In Kerala, Calicut,
Beypore und Kasargod. In Tamil Nadu

schließlich Tuticorin, Cuddalore und Na-
gappattinam (Fig. 69).

Ich besuchte Beypore, das wohl bedeutendste Zentrum für den Bau von hölzernen Seeschiffen in Indien. Es liegt 8 km
südlich von Calicut direkt an einer Flußmündung. Entlang des nördlichen Ufers
der Flußmündung finden wir eine Anzahl
von Werften für den Bau hölzerner Segelschiffe. Die ältesten dieser Werften sollen
schon seit 300 Jahren bestehen.

Einer der Werftbesitzer erzählte voller
Stolz, daß er von dem berühmten Maratha-
Admiral Kanhoji Angrey abstamme und
daß seine Vorfahren hier schon seit Generationen Schiffe gebaut haben. Die Werften bauen nicht nur indische Segelschiffe.
Ihr Ruf geht über die Grenzen Indiens hinaus. Ein Kaufmann aus Dubai, der gerade
einen Vertrag über den Bau einer Sambuk
abgeschlossen hatte, erklärte mir: „Natür-
lich kann ich auch in Dubai ein solches

Segelschiff in Auftrag geben, aber die Qualität hier in Beypore ist ausgezeichnet, und die Preise sind niedrig."

Seitens des Auftraggebers wird gewöhnlich kaum mehr an technischen Parametern festgelegt als der Schiffstyp und die geforderte Nutzladung des Fahrzeugs sowie mitunter dessen Breite. Ausgehend von diesen Angaben wird dann das Schiff gebaut. Kein Linienriß wird entworfen und gezeichnet, keine Stabilitätsrechnung oder ähnliches wird durchgeführt. Und trotzdem verrichten Hunderte dieser Schiffe täglich zuverlässig ihren Dienst, gebaut auf der Grundlage vielfältiger Erfahrungen, die von Generation zu Generation weitergegeben worden sind.

Die Werften nehmen aber auch ausgefallene Exportaufträge an. Man zeigte mir voller Stolz ein im Bau befindliches Schiff, das als schwimmende Nachtbar irgendwo vor der Golfküste vorgesehen ist. Die Räume dieses Fahrzeugs waren überladen mit Wandschnitzereien, ein Gebiet, das indische Kunsthandwerker bis zur Perfektion beherrschen.

Die Werften selbst sind spartanisch einfach. Ein einziges Holzhäuschen beherbergt ein Büro, in dem die Geschäfte abgewickelt werden. Ein Schuppen dient als Lager für die Ausrüstungsteile der Schiffe und das Werkzeug der Schiffszimmerleute. Ein Holzlager und Palmendächer, in deren Schatten die Schiffe gebaut werden, vervollständigen die Einrichtung (Abb. 65).

Die Werften verwenden eine Technik zum Bau ihrer Schiffe, die sich kaum von jener unterscheiden dürfte, die hier vor 100 oder 150 Jahren angewandt wurde. Das beginnt bereits bei der Herstellung der Planken. Von einem aufgebockten Baumstamm trennen zwei Zimmerleute mit einer großen Schrotsäge Planke für Planke ab. Einer steht auf dem Stamm, der andere darunter,

und beide betätigen in eintönigem Rhythmus die Säge. Stunde für Stunde arbeitet dieses menschliche Sägegatter in der glühenden Hitze (Abb. 66). Auf die Frage, warum keine Bretter von einem Sägewerk bezogen werden, gibt es folgende erklärende Antwort: "Schiffbauholz ist sehr teuer geworden. Die Sägen der Gatter sind zu grob. Sie zerspanen zuviel von dem wertvollen Stamm. Mit unserer Methode gewinnen wir mehr Planken aus einem Stamm gleicher Größe als ein Sägegatter."

Soweit wie möglich werden gewachsene Spanten verwendet. Erfahrene Zimmerleute suchen entsprechend gewachsene Äste aus, die dann auf Fertigmaß behauen werden. In Daman zum Beispiel werden auch heute noch die Hölzer durch die Zimmerleute direkt im Walde ausgewählt.

Nachdem Baumaterial verfügbar ist, wird das für die Kiellegung günstige Datum durch einen Astrologen festgelegt. Kokosnüsse werden während der Kiellegung am Kielbalken zerschlagen, um böse Geister fernzuhalten. Jedenfalls ist das die ursprüngliche Bedeutung dieses Rituals, das auch heute noch gleichermaßen auf modernen Stahlschiffswerften vollzogen wird. Der aus einem Stück bestehende Kiel wird bei festem Untergrund einfach auf Querhölzern ausgelegt oder bei sandigem Boden mit Stützhölzern verbolzt. Die Länge des Kiels eines bestimmten Schiffstyps legt der Schiffbaumeister, bei vorgegebener Tragfähigkeit, nach Erfahrungswerten fest. Die Vor- und Achterstevenlänge wiederum steht in einem bestimmten Verhältnis zur Kiellänge. Die Rah des Hauptmastes schließlich ist etwa gleich der größten Länge des Schiffes. Letztere ergibt sich aus der Kiellänge, den Stevenlängen und der Neigung der Steven. Die Rahlänge des Besanmastes ist nur 2/3 der größten Schiffslänge. In dieser Weise ergeben sich die wichtigsten Maße des Schiffes über be-

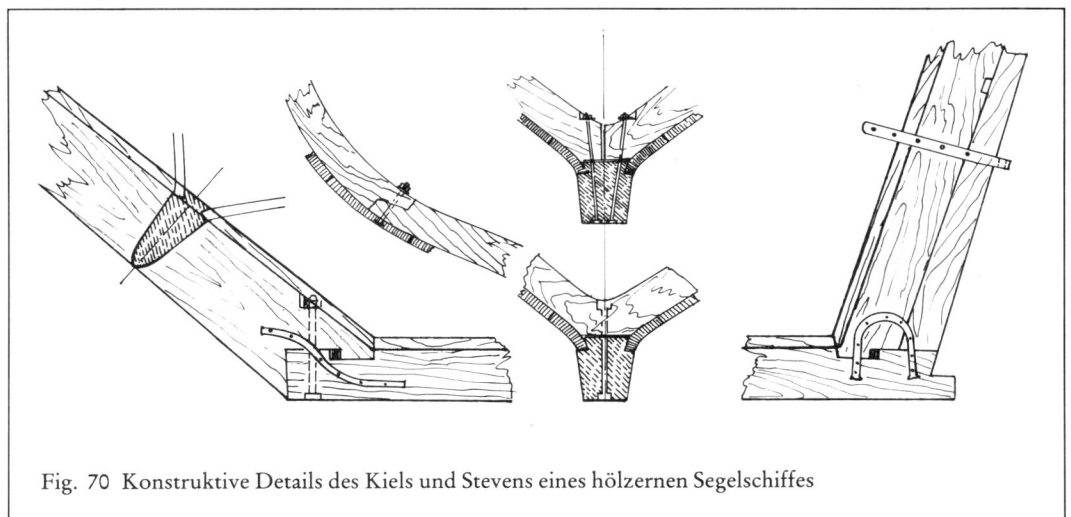

Fig. 70 Konstruktive Details des Kiels und Stevens eines hölzernen Segelschiffes

stimmte im Verlaufe der Entwicklung als optimal herausgefundene Proportionen, die beim Bau einzuhalten sind.

Der nächste Schritt bei der Montage des Schiffskörpers ist das Stellen von Vor- und Achtersteven. Die Enden des Kiels sind entsprechend bearbeitet, so daß sie mit den Steven verbunden werden können. Steven und Kiel werden durch eingetriebene Keile verspannt und durch Bolzen sowie schmiedeeiserne Beschläge zusammengehalten (Fig. 70). Die Steven sind genutet, um die Enden der Außenhautplanken aufzunehmen. Der Winkel zwischen Achtersteven und Wasseroberfläche ist stets größer als der entsprechende Winkel am Vorsteven.

Im nächsten Montageschritt werden die Spanten gestellt und am Kiel durch Bolzen befestigt. Im Vor- und Achterschiffsbereich, das heißt im Bereich schärferer Linien, bestehen Backbord- und Steuerbordspant aus einem einzigen gabelförmigen Stück. Wenn nötig, werden sie durch aufgesetzte Stücke, sogenannte Auflanger, verlängert. Die in Fig. 70 dargestellten konstruktiven Details haben nur beispielhaften Charakter und können von Ort zu Ort beträchtlich variieren.

Die Spanten haben meist einen quadratischen Querschnitt. Der Spantabstand beträgt gewöhnlich bei Frachtseglern das Doppelte der Kantenlänge eines Spants, die Spanten werden also in sehr geringen Abständen angeordnet (Abb. 67). Bei Fahrzeugen für den Personentransport verdoppelt sich etwa der Spantabstand.

Die Breite der für die Außenhaut verwendeten Planken liegt zwischen 18 und 40 cm, ihre Dicke übersteigt im allgemeinen nicht 5 cm. Gewöhnlich wird nicht das gesamte Spantgerippe gestellt, ehe die Beplankung beginnt. Zweckmäßigerweise werden bereits vor Abschluß des Stellens der Spanten einige Plankengänge verlegt, um erforderliche Korrekturen des Spantsystems rechtzeitig vornehmen zu können. Die Beplankung im Kimm- und Kielbereich des Schiffes wird meist zuletzt fertiggestellt (Abb. 68 und 69).

Die hier beschriebene Technologie gilt nur für eine Karweelbeplankung, bei der also die Planken stumpf zusammenstoßen. Wird die Nut- und Feder-Technik angewendet, so vollzieht sich das Aufplanken kontinuierlich. Es beginnt am Kiel und endet am obersten Plankengang.

Die Planken, die eine starke Krümmung aufweisen, müssen in die gewünschte Form gebogen werden, ehe sie am Spantsystem befestigt werden können. Dazu wird die Planke mit feuchter Erde oder auch Kuhdung beschmiert und in diesem Zustand belassen, bis sie genügend Feuchtigkeit aufgenommen hat. Dann wird sie über ein Feuer gehalten, und der sich in der Planke bildende Wasserdampf macht sie geschmeidig. Danach wird die Planke durch entsprechende Abstützung und Belastung in die gewünschte Form gebogen und verbleibt so, bis sie ausgetrocknet ist und die Form beibehält. Eine andere Möglichkeit besteht darin, die Planke mit einem langsam brennenden Öl einzustreichen, und nachdem dieses gezündet wurde und die Planke genügend angesengt ist, sie am Spantgerüst anzupassen. Dieser Vorgang wird so oft wiederholt, bis die Planke paßt. Ein derartiger Anpaßvorgang kann ein bis zwei Tage dauern.

Ist die Planke in die gewünschte Form gebogen, dann wird sie an das Spantgerüst genagelt. Wenn der Beplankungsvorgang abgeschlossen ist, wird die Außenhaut glatt gehobelt.

Die Plankennähte der genagelten Schiffe werden mit Baumwolle abgedichtet. Über den Querspanten verlaufen im Innern des Schiffskörpers Längsstringer in größerer Anzahl, die eine wichtige zusätzliche Versteifung des Schiffskörpers darstellen.

Nachdem das Schiff, wie bereits beschrieben, konserviert worden ist, wird es an einem als günstig befundenen Tag getauft und dabei eine ähnliche Zeremonie wie bei der Kiellegung vollzogen.

Für den Stapellauf wird das Schiff von den Pallungen auf Holzrollen umgesetzt. Dann wird es mit Kokosfaserseilen gezogen, geschoben und gleichzeitig seitlich abgestützt, um ein Kippen des Schiffes zu verhindern. Das Schiff wird, im Gegensatz zu europäischen Gepflogenheiten, mit dem Bug voran zu Wasser gebracht. Für einen derartigen Stapellauf werden je nach Größe des Schiffes bis zu 150 Arbeiter benötigt. Der Stapellauf ist sehr aufwendig und kann bei großen Schiffen, die aus Platzgründen nicht in unmittelbarer Nähe der Uferlinie gebaut wurden, bis zu 4 Tage dauern.

Die Masten werden erst nach dem Stapellauf gestellt. Der Mast ist meist sehr stark und verjüngt sich zur Spitze hin oft nur um 20%. Die Rahen sind, wie wir gesehen haben, meist recht lang. Rahen mit einer Länge von über 18 m bestehen aus zwei Teilen, die mit einer Überlappung von 2 m geschäftet sind.

Die Segel werden aus langen Bahnen von Baumwolltuch oder Jutefasertuch genäht. Zur Herstellung der Segel werden entsprechend dem Segelumriß vier Pflöcke an vorher vermessenen Stellen in den Boden getrieben. Das Segeltuch wird zugeschnitten, und die Bahnen werden entsprechend dem durch die eingetriebenen Pflöcke fixierten Segelumriß ausgelegt und zusammengenäht. Die indischen Segelmacher führen eine dünne Leine entlang einer jeden Naht von zwei Segeltuchbahnen und vernähen diese Leine mit der Naht. Die Enden der Leine werden am Ober- sowie Unterliek befestigt, was erheblich zur Erhöhung der Festigkeit des Segels beiträgt. Die zum Vernähen der einzelnen Bahnen der Segel verwendeten Segelgarne werden geschmeidig gemacht, indem man sie mit Wachs einreibt.

Auf den Zuschnitt der Segel wird viel Sorgfalt verwendet, so daß sie durchweg gut stehen. An den Segeln indischer Schiffe werden nur in den seltensten Fällen Reffbändsel vorgesehen. Es gibt grundsätzlich drei Segelgrößen, deren kleinste bei schwerem Wetter gefahren wird. In diesem Falle wird die Rah entsprechend der geringeren Segelfläche gefiert.

Nachdem die Masten gesetzt sind, ist das Schiff fertig zur Probefahrt.

Zukunft der Holzschiffe und -boote

Diese Problematik ist so vielschichtig, daß sie im Rahmen dieses Buches nur in gebotener Kürze, beschränkt auf zwei wesentliche Komplexe, nämlich Seefischerei und Seeschiffahrt, und dort auch nur in groben Zügen, dargestellt werden kann.

Die jährlich mögliche Fangmenge an den Küsten Indiens wird auf 9 bis 15 Millionen Tonnen Fisch geschätzt. Die tatsächliche Fangmenge liegt jedoch derzeit bei etwa 1,7 Millionen Tonnen. 70% davon werden von gesegelten oder geruderten Booten angelandet. Das Fischaufkommen mit jährlich etwa 2,5 kg pro Kopf der Bevölkerung ist relativ gering (zum Vergleich der entsprechende Wert für das Jahr 1981 in der DDR: 14 kg). Diese Zahlen deuten bereits die weitreichenden potentiellen Möglichkeiten sowie die Erfordernisse einer weiteren Entwicklung der Seefischerei Indiens an. Dem steht jedoch eine Reihe hemmender Faktoren gegenüber.

Eine wesentliche Erhöhung der Fangleistung der Fischereiflotte ist in der Endkonsequenz nur durch den weitgehenden Einsatz moderner Fangfahrzeuge erreichbar. Abgesehen von den zu ihrer Anschaffung benötigten Investitionsmitteln, sind für eine gleichmäßige Versorgung des gesamten indischen Territoriums mit Seefisch als Folgemaßnahmen die Anlage einer größeren Zahl von Fischereihäfen und Kühlhäusern sowie der Aufbau von Transportketten bis hin zum Verbraucher erforderlich. Diese Aufzählung gibt bereits eine Vorstellung von dem Ausmaß der für die Lösung einer derartigen Aufgabe benötigten finanziellen Mittel.

Angesichts dieser Situation verfolgt man in Indien seit Mitte der 50er Jahre den nachstehend beschriebenen Weg zur Lösung dieses Problems. Er besteht einerseits darin, eine Mechanisierung der traditionellen Bootstypen ohne wesentliche konstruktive Veränderungen zu realisieren, mit dem Ziel, die Fangleistung zu erhöhen und dadurch die Versorgung der küstennahen Regionen des Landes zu verbessern. Andererseits wird angestrebt, moderne, leistungsfähige Fischereifahrzeuge zu entwickeln und zu erproben, um schrittweise die traditionellen Fischereifahrzeuge zu ersetzen und darüber hinaus mit größeren Fangfahrzeugen die Tiefseefischerei aufzunehmen.

Wenden wir uns nach diesem allgemeinen Überblick wieder den traditionellen Fischereifahrzeugen zu. Die Nachrüstung mit stationären Motoren oder Außenbordmotoren hat sich bei einigen der Fischereifahrzeuge (*Satpatis, Koru Vallams*) technisch durchaus bewährt. Diese Bestrebungen sind aber, um ein wichtiges Beispiel zu nennen, bei dem zahlenmäßig dominierenden Fischereifahrzeugtyp, dem Katamaran, sowohl aus technischen als auch aus ökonomischen Gründen gescheitert.

Der Katamaran hat sich im Verlaufe seiner langen Entwicklung, obwohl primitiv in der Konstruktion, in hervorragender Weise den Gegebenheiten (Durchqueren der Brandung, Landen des Fahrzeuges an der im unmittelbaren Einflußbereich der Brandung liegenden unbefestigten Küstenlinie) angepaßt. Erst in den 80er Jahren ist es gelungen, Motorboote zu entwickeln, die beim Überqueren der Brandung und beim Landen an Brandungsküsten dem Katamaran etwa gleichwertig sind und die geeignet wären, ihn schrittweise zu ersetzen. Bedingt durch ihre höheren Geschwindigkeiten werden diese Fahrzeuge im Hinblick auf die Fangleistungen dem Katamaran sicherlich überlegen sein.

Die Anschaffungskosten der modernen Fahrzeuge sind derzeit jedoch mehr als 10mal höher als jene für den traditionellen Katamaran. Wir haben aber bereits gesehen, daß schon die Anschaffung eines Katamarans für die unter sehr ärmlichen Verhältnissen lebenden Fischer vielfach ein unlösbares Problem darstellt. Darüber hinaus müssen wir uns ins Gedächtnis rufen, daß Fertigung, Wartung und Reparatur von Katamaranen sowohl anlagenseitig als auch im Hinblick auf Material und Werkzeuge minimale Anforderungen stellen. Der Fischer kann deshalb beim Katamaran, im Gegensatz zu einem modernen Fahrzeug, durch Eigenleistungen die anfallenden Anschaffungs-, Betriebs- und Unterhaltungskosten wesentlich reduzieren. Es verwundert deshalb nicht, daß derzeit noch die Anzahl der Katamarane weiter ansteigt.

Um 1920 prognostizierte Hornell, daß an Küsten, die den Elementen derart ausgesetzt sind wie die Ostküste Indiens, der Katamaran auch in den kommenden Jahrhunderten als der unter diesen Bedingungen einzig mögliche Bootstyp existieren werde. Aus heutiger Sicht müssen wir diese Prognose als unzutreffend bezeichnen. Die Kenntnis der indischen Verhältnisse läßt jedoch den Schluß zu, daß der Katamaran, und mit ihm sicher einige andere traditionelle Fischereifahrzeuge, in den kommenden drei bis vier Jahrzehnten, noch an den Küsten Indiens im Einsatz sein wird.

Werfen wir nun einen Blick in die See- und Küstenschiffahrt Indiens mit dem Ziel, die Zukunft der einheimischen Segelschiffe abzuschätzen. Wir können einen ständigen Rückgang des Frachtanteils, der durch Segelschiffe befördert wird, ver-

zeichnen. Dieser Prozeß läßt sich, wenn auch nur lückenhaft, über einen Zeitraum von etwa 100 Jahren verfolgen.

Um 1875 liefen jährlich etwa 43000 Segelschiffe allein den Hafen von Bombay an und löschten dort rund 840000 t Fracht. Das entspricht einem prozentualen Anteil an der insgesamt gelöschten Ladung von 84%. 30 Jahre später, um 1905, ergab sich folgendes Bild: Bombay wurde durchschnittlich von 50000 Segelschiffen jährlich angelaufen. Der prozentuale Anteil der von Segelschiffen gelöschten Ladung an der insgesamt im Hafen von Bombay gelöschten Ladung betrug jedoch nur noch 35%. Dieser Prozeß setzte sich in den folgenden Jahren fort.

Die Tabellen 6 und 7 geben ergänzend einen Eindruck vom zahlenmäßigen Rückgang der indischen Segelschiffe in der Hochseeschiffahrt am Beispiel ausgewählter Häfen. Eine ähnliche Situation finden wir im Hafen von Abu Dhabi (Vereinigte Arabische Emirate), der 1970 und 71 nur noch von 3 beziehungsweise 5 indischen Segelschiffen angelaufen wurde. Zu Beginn der 70er Jahre kam also die mit Segelschiffen betriebene Seeschiffahrt praktisch zum Erliegen. Diese Zeitspanne ist deckungsgleich mit dem Zeitraum des rapiden Anstiegs der Tonnage der modernen indischen Hochseehandelsflotte.

Eine Ausnahme in dieser Hinsicht bildet der Hafen von Dubai (Vereinigte Arabische Emirate). Die Zahl indischer Segelschiffe, die Dubai anlief, stieg von 588 im Jahre 1967 auf 1208 im Jahre 1971. Diese Entwicklung verwundert nicht, wenn man sich folgende Tatsachen vergegenwärtigt.

1966 wurden etwa 10% der gesamten Goldproduktion kapitalistischer Länder von Dubai importiert. Diese Goldmenge wurde fast vollständig mit Segelschiffen nach Indien und Pakistan geschmuggelt. Bereits 1970 hatte sich der Prozentsatz des importierten Goldes im Vergleich zu 1966 verdoppelt.

1971 war Dubai mit seinen 100000 Einwohnern der drittgrößte Uhrenimporteur der Welt. Auch ein Teil der Uhren wanderte zusammen mit anderen Artikeln, wie Erzeugnissen der Elektronikindustrie, in ähnliche Kanäle wie das Gold.

Schließlich sei erwähnt, daß um 1970 etwa 40000 Passagiere mit Segelschiffen von und nach Dubai transportiert wurden. Das war etwa doppelt soviel wie die Anzahl jener Passagiere, die durch Motorschiffe nach Dubai befördert wurden.

Für die Schmuggelgeschäfte werden oft kleine, flinke *Manjis* verwendet, die zusätzlich mit starken Hilfsmotoren ausgerüstet sind. Sie sind sehr manövrierfähig und können mit ihrem geringen Tiefgang dem Festland vorgelagerte Inselchen, schwer zugängliche Buchten und enge Flüsse zu nächtlicher Stunde anlaufen, um ihre Schmuggelgeschäfte abzuwickeln. Sie entziehen sich dadurch weitgehend der Kontrolle und dem Zugriff durch die Zollbehörden (Abb. 73). Abgesehen von diesem Sonderfall haben Indiens Segelschiffe aufgehört, in der Hochseeschiffahrt eine Rolle zu spielen.

Tabelle 6: Anzahl indischer Segelschiffe, die in ausgewählten Jahren zwischen 1925 und 1975 den Hafen Dar es Salaam (Tansania) angelaufen haben.

Jahr	Anzahl der Segelschiffe
1925	49*
1935	18*
1945	31*
1961	18
1965	8
1970	6
1975	0

* Angabe bezieht sich auf alle Häfen Tansanias

Tabelle 7: Anzahl indischer Segelschiffe, die in ausgewählten Jahren zwischen 1907 und 1975 den Hafen von Zanzibar angelaufen haben.

Jahr	Anzahl der Segelschiffe
1907	178
1911	137
1919	47
1929	21
1938	27
1948	33
1959	45
1970	1
1975	0

Dennoch lebt die Segelschiffahrt Indiens weiter. Sie hat sich aber von der Seeschiffahrt in die Küstenschiffahrt verlagert. 1940/45 waren allein an der indischen Westküste 5300 Segelschiffe registriert. Die Gesamtzahl der zu dieser Zeit an den Küsten Indiens operierenden Segelschiffe kann mit etwa 8000 geschätzt werden. Rund 30 Jahre später, nämlich 1972/73, betrug die Zahl der registrierten Segelschiffe immerhin noch 5124.

Trotz des starken Rückganges der Gesamtzahl der Segelschiffe in den letzten 100 Jahren vollbrachten sie in der indischen Küstenschiffahrt auch in der jüngsten Vergangenheit noch immer beachtliche Transportleistungen. Einige Zahlenangaben sollen dies verdeutlichen. 1961/62 wurden 1,66 Millionen Tonnen Güter auf Segelschiffen in der Küstenschiffahrt transportiert. 1968 waren es 1,7 Millionen Tonnen. Das entspricht einem Anteil von 63%. Der entsprechende Wert lag 1970/71 bei 1,2 Millionen Tonnen jährlich. Das sind immer noch 40% der Gesamtmenge.

Das Segelschiff hat bis in unsere Tage überlebt, trotz moderner, hochleistungsfähiger Transporttechnologien. Welche

Gründe sind es, die dem Segelschiff in Indien im Zeitalter der Technik noch eine Galgenfrist einräumen?

Das Segelschiff stellt an die Zugänglichkeit eines Hafens (Fahrwassertiefe und -breite) erheblich geringere Anforderungen als ein Motorschiff. Letzteres benötigt auch Dock- und Reparaturkapazitäten, wohingegen sich Reparaturen an einem Segelschiff mit primitivsten Anlagen und Werkzeugen ausführen lassen. Diese Vorteile des Segelschiffes fallen in Indien deshalb ins Gewicht, weil neben den 9 größten Häfen, wie Bombay, Cochin oder Calcutta, an den Küsten noch insgesamt 173 kleine und kleinste Häfen existieren, die wegen ihrer örtlichen Gegebenheiten Seeschiffen oft nur bedingt oder gar nicht zugänglich sind. Das Segelschiff ist außerdem stets bereit, Ladung zu übernehmen, die sowohl vom Sortiment (beispielsweise Ziegelsteine, Salz) als auch von der Menge her für Seeschiffe oftmals nicht lukrativ ist.

Wenn auch, wie wir gesehen haben, der Einsatzbereich der Segelschiffe sowie ihr Anteil am Gütertransport sich mit ständig wachsender Geschwindigkeit verringern, so wage ich doch zu prognostizieren, daß noch um die Wende zum 3. Jahrtausend einige der scharf geschnittenen, formschönen Lateinsegel an den Küsten des indischen Subkontinents zu sehen sein werden. Aber eben nur noch einige. Der technische Fortschritt geht weiter. In absehbarer Zukunft werden die Segelschiffe endgültig den stählernen Leibern schneller, motorgetriebener Schiffe weichen. Dann werden die schlanken Linien der *Manjis* und die schnittigen Segel der *Patimars, Kotias* und wie sie alle heißen, nur noch in den Vitrinen von Schiffahrtsmuseen zu besichtigen sein.

Angesichts dieser Entwicklung war es mir ein Bedürfnis, einiges über die traditionellen Schiffe und insbesondere über die Boote Indiens, von denen ich einen Großteil aus mehrjährigem persönlichen Erleben kenne, aufzuzeichnen.

Literaturverzeichnis

Apte, B. K.: *A history of the Maratha navy and merchantships*. State Board of Literature & Culture, Bombay 1973

Bernhard, K. L.: *Flashes of Kerala history*. Eigenverlag, Cochin 1980

Bindra, S. P.: *A course in dock and harbour engineering*. Dhanpat Rai & Sons, Delhi 1978

Chandra, M.: *Trade and traderoutes of Ancient India*. Abhinav Publications, New Delhi 1977

Coates, A.: *Islands of the south*. Heinemann, London 1974

Doran, E.: *Wangka, Austronesian canoe origins*. Texas A&M University Press, College Station 1980

Fraiservis, W. A.: *The roots of Ancient India*. Mac Millan Comp., New York 1971

Gilbert, J.: *Charting the vast Pacific*. Band 7 der ‚Encyclopaedia of discovery and exploration‘. Aldus Books Ltd., London 1974

Gopal, L.: *Indian shipping in the medival period*. In: Indias contribution to world thought and culture, Madras 1970

Gopal, S.: *Gujarati shipping in the seventeenth century*. In: Indian Economic and Social History Review, Band VIII, 1971, Heft 1, S. 31–39

Hawkins, C. W.: *The dhow*. Nautical Publishing Co. Ltd., Lymington 1977

Hornell, J.: *The origins and the ethnological significance of Indian boat designs*. In: Memoires of the Asiatic Society of Bengal, Band VII, 1920, S. 139–190

Hornell, J.: *The boats of the Ganges*. In: Memoires of the Asiatic Society of Bengal, Band VIII, 1921, Heft 3, S. 171–198

Hornell, J.: *The canoes of Oceania*. Band I, B. P. Bishop Museum Special Publication 27, Honolulu 1936 (Nachdruck der Bishop Museum Press 1975)

Hornell, J.: *Water transport*. The University Press, Cambridge 1946

Hourani, G. F.: *Arab seafaring*. Princeton University Press, Princeton 1951

Huan, M.: *The overall survey of the ocean's shores*. Hakluyt Society, Cambrigde 1970

Igbal Singh, N.: *The Andaman story*. Vikas Publishing House Pvt. Ltd., New Delhi 1978

Irani, D. B.: *Country craft and sailing vessels of India*. In: The Naval Architect, September 1980, S. 189–191

Jaggi, P.: *Science and technology in Medival India*. Atma Ram & Sons, 1977

Kloss, C. B.: *The Andamanes and Nicobares*. John Murray, London 1903

Lobley, D.: *Ships throug the ages*. Galley Press, London 1979

Malgonkar, M.: *The sea hawk*. Orient Paperbacks, New Delhi 1980

Martin, E. B. und Ch. P. Martin: *Cargoes of the east*. Elm Tree Books, London 1978

Mc Crindle, J. W.: *The commerce and navigation of the Erythraen Sea*. Philo Press, Amsterdam 1973 (Nachdruck der Ausgaben Calcutta – London 1879, 1882)

Mc Crindle, J. W.: *Ancient India as described in classical literature*. Philo Press, Amsterdam 1975 (Nachdruck von 1901)

Menon, T. R.: *Kattumaram types of Andhra Pradesh and Tamil Nadu*. Bay of Bengal Programme, Madras 1980

Mondfeld, W.: *Die arabische Dau*. Hinstorff Verlag, Rostock 1979

Mookerji, R. K.: *A history of Indian Shipping*. Longmans, London 1912

Pannikar, K. M.: *India and the Indian Ocean*. Allen & Unwin Pvt. Ltd., Bombay 1971 (Nachdruck von 1945).

Prasard, P. Ch.: *Foreign trade and commerce in Ancient India*. Abhinav Publications, New Delhi 1977

Quaiser, A. J.: *Shipbuilding in Mughal Empire during the seventeenth century*. In: Indian Economic and Social History Review, 1968, S. 149–170

Ramachandran, K. S.: *Ancient Indian maritime ventures*. In: Indias contribution to world thought and culture, Madras 1970

Ramachandran Nair, S. K.: *Catamaran catastrophes*. Vortrag, gehalten auf dem XXIII. Internationalen Chirurgen-Kongress, Delhi 1982

Rawilson, H. G.: *Intercourse between India and the western world from the earliest times to the fall of Rome*. Rai Book Service, Delhi 1977 (Nachdruck von 1925)

Rao, T. S. S.: *A short history of modern Indian Shipping*. Popular Prakashan, Bombay 1965

Rao, S. R.: *Shipping in Ancient India*. In: Indias contribution to world thought and culture, Madras 1970

Rao, S. R.: *Lothal a Harappan port town*. Band I (Memoirs of the Archaeological Survey of India, No. 78). Director General Archaeological Survey of India, New Delhi 1979

Roy, A. Chr.: *A history of Mughal Navy and naval warfares*. World Press, Calcutta 1972

Singhal, D. P.: *India and world civilisation*. Band II, Rupa & Co., Calcutta–Allhabad–Bombay–Delhi 1972

Sridharan, K.: *A maritime history of India*. Publication Division, Ministry of Information and Broadcasting, New Delhi 1968

Tripathi, M. P.: *Development of geografic knowledge in Ancient India*. Bharatiya Vidya Prakashan, Varanasi 1969

Venn, T. V.: *Cochin-Malabar/Palms and pageants*. Alavi Book Depot, Bombay 1945

Wadia, K. B.: *The sailing vessel traffic on the west coast of India and its future*. The popular Book Depot, Bombay 1945

Wadia, R. A.: *The Bombay Dockyard and the Wadia Master Builders*. Bombay 1955

Wilson, N. F. J.: *The native craft*. Bombay 1909

Encyclopaedia Britannica. Inc. Publisher W. Benton, Chicago–London–Toronto 1973

Festschrift, herausgegeben vom Nehru Trophy Boat Race Committee, Alleppey 1981

Lab to land programme of CIFT. Fish Technology Newsletter, Band II, Heft 6, Cochin 1979

Merchant Marine Directory. Bombay 1974

Report No. 1 to the Goverment of India on fishing boats, Rom 1958

Small scale fisheries. Fish Technology Newsletter, Band II, Heft 1, Cochin 1979

Bildnachweis

Abbildungen

Abb. 1 Frachtsegler im Indischen Ozean

Abb. 2 Modell eines Maharaja-Prunkschiffes

Abb. 3 Auf einem Siegel eingraviertes Schilfboot, 3. Jahrtausend v. u. Z., Mohenjodaro

Abb. 4 Schilfboot auf Terrakottaamulett, Mohenjodaro, Vorderseite mit Inschrift: Beschützer (Herrscher) der Seeleute; Rückseite: Boot mit Kabine

Abb. 5 Wal beim Angriff auf ein Boot, Tempelrelief aus Bharhut, 2. Jahrhundert
v. u. Z.

Abb. 6 Geplanktes Boot, Relief aus dem Sanchi-Tempel, 1. Jahrhundert v. u. Z.

124

Abb. 7 Mit drei Mann besetztes Boot, Tempelrelief
aus Bharhut, 2. Jahrhundert v. u. Z.

Abb. 8 Münze mit Schiffsdarstellung aus der Andhara-Periode

Abb. 9 Seegehendes Schiff mit Besatzung, Relief aus dem Borobudur-Tempel in Java, 8. Jahrhundert

Abb. 10 Seeschlacht, Teilansicht auf einem Helden-gedenkstein des 13. Jahrhunderts, Goa

Abb. 11 Transport eines Kampfschiffes, Szene auf einem
Heldengedenkstein des 13. Jahrhunderts, Goa

Abb. 12 Seeschlacht, Heldengedenkstein aus dem Mittelalter, Goa

Abb. 13 Grabplatte des Meisterschiffbauers von Cochin in der Kirche zu Vypin (Unionsstaat Kerala)

Abb. 14 Zwei Coracle auf einem Flußlauf Indiens

Abb. 15 Einbaumkanu auf den Achterwassern Keralas

![photo]

Abb. 16 15 bis 17 m lange Koru Vallams in einem Fischerdorf der Malabarküste. Die
Eleganz der Linien läßt kaum vermuten, daß es sich hier um Einbäume handelt

Abb. 17 Elefant beim Holzumschlag im „Vorwärts- und Rückwärtsgang"

Abb. 18 Vom Fang heimkehrende Odam

Abb. 19 Auslegerkanus unterschiedlichster Größen (Goa, 1983)

Abb. 20 Auslegerkanu mit seitlicher Aufplankung für den Fischfang (Goa, 1983), oben Vorderansicht, unten Seitenansicht

Abb. 21 Knebelverbindung von Ausleger und Verbindungsstange

Abb. 22 In die schützende Bucht einlaufendes Fischerkanu mit Ausleger (Ratnagiri, 1982)

Abb. 23 Großes Fischereikanu mit Ausleger, Mangalore 1983

Abb. 24 Zuwasserbringen des Auslegerkanus

Abb. 25 Vorsteven des Fischereikanus. Der den Unterbau bildende Einbaum, die genähten Planken sowie der „Schutzgott" (links neben der Bordwand) sind deutlich erkennbar

Abb. 26 Auslegerkanus der Nikobaren. Am vorderen Kanu ist die Befestigung der Verbindungsstangen am Ausleger deutlich erkennbar

Abb. 27 Aus vier Hölzern bestehender Boot-Katamaran in einer Fischersiedlung am
Cape Comorin, 1982

Abb. 28 Floß-Katamarane an der Küste von Madras, 1982. Der für den Floß-Katamaran
typische schnabelförmige Aufsatz ist deutlich erkennbar

Abb. 29 Boot-Katamaran am Cape Comorin, 1983. Das Bild zeigt das Querjoch und
die Seilführung

Abb. 30 Das Bergen des Segels eines Katamarans auf Vorwindkurs wird eingeleitet

Abb. 31 Kritische Phase des Segelbergens, das Unterliek taucht auf der ganzen Länge
ins Wasser ein

Abb. 32 Zur Fangfahrt auslaufender Boot-Katamaran, im Hintergrund das Vivekanan-
da-Memorial (Cape Comorin). Der extrem kurze Mast ist deutlich zu erkennen

Abb. 33 Ein kleiner Floß-Katamaran wird aus dem Wasser genommen

Abb. 34 Traditioneller Bootsanker (Madras, 1980)

Abb. 35 Ein Boot-Katamaran an der Küste von Andhra Pradesh wird zur Fangfahrt vor-
bereitet

Abb. 36 Zum Trocknen zerlegter Boot-Katamaran an der Küste von Vishakhapatnam
(1981)

Abb. 37 Achterliches Senkschwert
eines Boot-Katamarans an
der Küste von Vishakha-
patnam

Abb. 38 100 Kanus und Katamarane nehmen an der ersten im Unionsstaat Kerala für
Fischer veranstalteten Regatta teil. Das Bild zeigt die unverwechselbare Segel-
form dieser Fahrzeuge

142

Abb. 39 Auch am Steven der Fischerboote an der Malabarküste findet man mitunter die Darstellung von Augen. War dies ursprünglich eine Symboldarstellung der Augen eines Schutzgottes, welcher Ausschau hält und das Fahrzeug sicher an seinen Bestimmungsort geleitet, so hat das Auge heute mehr die Bedeutung eines Amuletts, das vor dem „bösen Blick" schützt

Abb. 40 Herstellen einer verwundenen Planke auf einer Reparaturwerft für genähte Boote (Cochin, 1982)

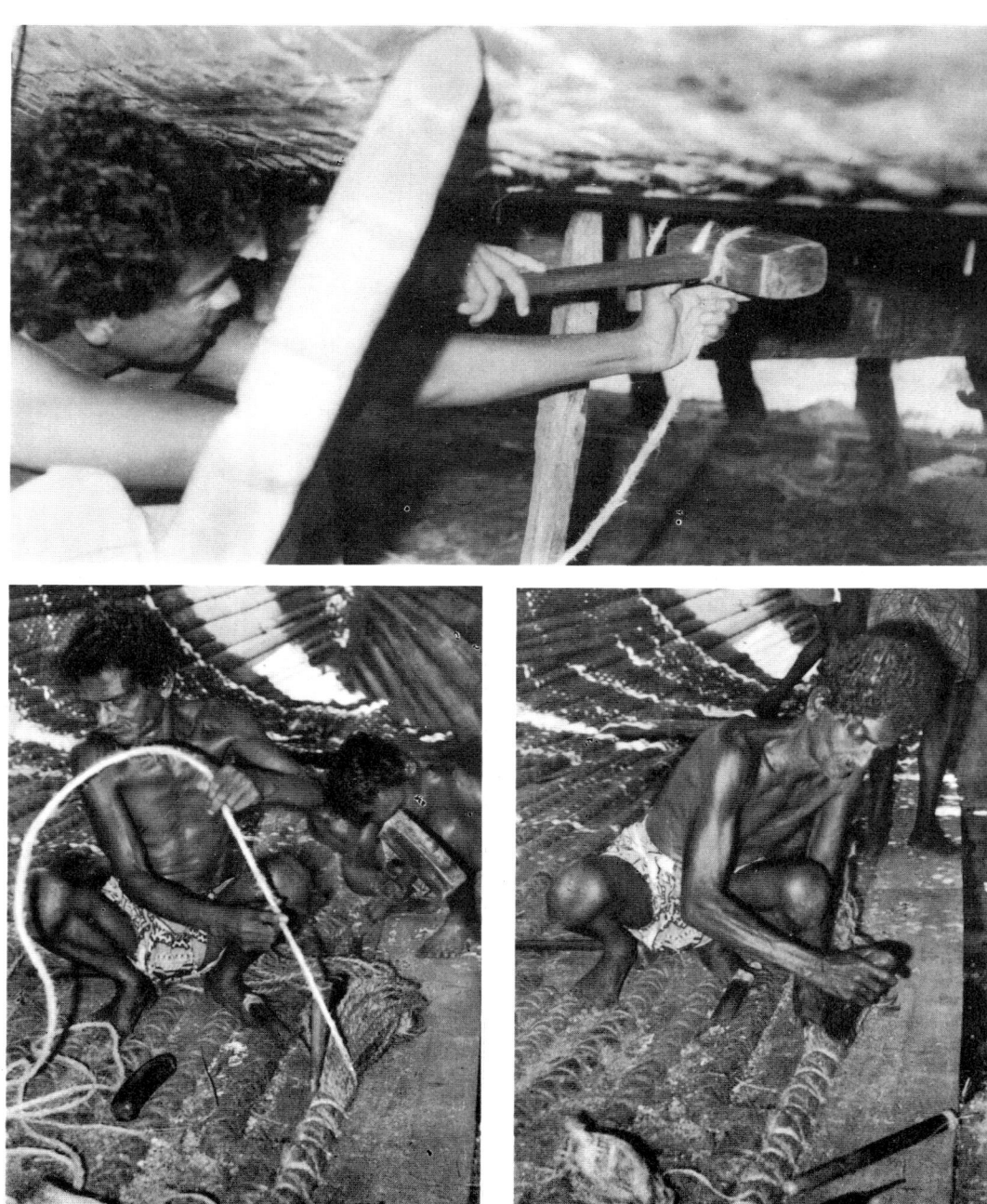

Abb. 41 Eine Plankennaht wird genäht, oben: Durchsetzen der Leine, unten links: Durchziehen der von außen eingefädelten Leine. Im Vordergrund ist der bananenförmige Stein zum Beklopfen der Naht und der zum zeitweisen Fixieren der Leine eingeschlagene Holzdorn erkennbar. Unten rechts: Formgebung der Dichtung

Abb. 42 Plankennaht und -stoß eines Brandungsbootes von der Innenseite gesehen, Madras 1980

Abb. 43 Boote für den Personentransport auf dem Hugli (Mündungsarm des Ganges) in Calcutta (1982)

Abb. 44 Mittagspause auf einer Batchari (Hugli-Fluß, Calcutta, 1981)

Abb. 45 Flußschiff auf dem Hugli (Calcutta 1981). Die konstruktive Gestaltung des
dreieckigen Ruders ist gut erkennbar

Abb. 46 Bug eines Masula-Bootes am Strande von Madras. Genähte Planken, Ruderdollen und ein durch die Bordwand ragender Deckbalken sind erkennbar

Abb. 47 Vallams in einem der Kanäle von Cochin (Unionsstaat Kerala, Malabarküste)

Abb. 48 Vallam unter Segel auf den Achterwassern Keralas. Steuerriemen, abklappbarer Teil des Tonnendaches, Besegelung und im Bug die zum Staken verwendete Bambusstange sind deutlich erkennbar

Abb. 49 Vallam für die Übernahme von Gütern aus Seeschiffen. Im Hintergrund der Hafen von Cochin

Abb. 50 Koru Vallam im Fischerdorf Chellanum (Malabarküste 1983)

Abb. 51 Zum Steuern des Koru Vallam
dient ein langes Paddel

149

Abb. 52 Shikara – die Gondel von Kashmir (Dhal See, Srinagar 1983)

Abb. 53 Eine Manji läuft in die Bucht von Karwar ein

Abb. 54 Ein Churulan im Rennen

Abb. 55 Achterteil eines Veppu. Im Hintergrund ein Chundan Vallam

Abb. 56 Chundan Vallams im Rennen

Abb. 57 Bootsrennen im indischen Unionsstaat Manipur

152

Abb. 58 Bemaltes Spiegelheck einer Kotia, Beypore 1982

Abb. 59 Beladen einer Patimar im Hafen von Beypore (1983). Das abnehmbare Schanzkleid, der zeltförmige Aufbau und die am Heck des Schiffes angebrachte ka-
stenförmige Toilette sind typische Attribute einer Patimar

Abb. 60 Bugspriet und Stevenkopf (teilweise durch Tauwerk verdeckt) einer Patimar
(Mangalore 1983)

Abb. 61 Geschnitzter Stevenkopf (Mangalore 1983)

154

Abb. 62 Padow im Hafen von Beypore (1982)

Abb. 63 Batel im Hafen von Beypore

Abb. 64 Eine Toni aus Tuticorin beim Auslaufen aus dem Hafen von Cochin (1983)

Abb. 65 Geschützt vor Sonne und Monsunregen werden unter Palmendächern in Bey-
         pore Segelschiffe gebaut

Abb. 66 Menschliches „Sägegatter" auf
einer Werft in Beypore

Abb. 67 Das Spantgerüst ist gestellt

Abb. 68 Aufplanken des Schiffes

Abb. 69 Feinbearbeitung der Plankennähte

Abb. 70 Eine Kotia in der Endphase der Fertigung

Abb. 71 Neben dem Segelschiff wird das Beiboot gebaut

159

Abb. 72 Bemaltes Heck und „Außentoilette"
eines Segelschiffes

Abb. 73 Von indischen Behörden aufgebrachte Schmugglerfahrzeuge